新形势下我国制造业转型升级路径与对策研究

孙 丽 ◎ 著

吉林出版集团股份有限公司

图书在版编目（CIP）数据

新形势下我国制造业转型升级路径与对策研究 ／ 孙
丽著. — 长春：吉林出版集团股份有限公司，2021.11
　　ISBN 978-7-5731-0640-7

　　Ⅰ. ①新… Ⅱ. ①孙… Ⅲ. ①制造工业－产业结构升
级－研究－中国 Ⅳ. ①F426.4

中国版本图书馆 CIP 数据核字 (2021) 第 234820 号

新形势下我国制造业转型升级路径与对策研究

著　　者	孙　丽
责任编辑	郭亚维
封面设计	林　吉
开　　本	787mm×1092mm　　1/16
字　　数	200 千
印　　张	9
版　　次	2021 年 12 月第 1 版
印　　次	2021 年 12 月第 1 次印刷
出版发行	吉林出版集团股份有限公司
电　　话	总编办：010-63109269
	发行部：010-63109269
印　　刷	北京宝莲鸿图科技有限公司

ISBN 978-7-5731-0640-7　　　　　　　　　　　　定价：58.00 元

前　言

　　当前，中国经济进入新的历史阶段，经济增长趋稳，经济约束条件也发生了变化。供给方面，多种生产要素的价格进入快速上升期，主要依靠继续扩大要素投入量拉动经济增长已不现实。需求方面，国民经济均衡增长与消费需求增长的要求不协调，消费率长期偏低，而由于产业结构升级相对缓慢，投资需求也产生了一定程度的扭曲。同时，国内经济各方面升级动力不足。首先，技术创新和制度创新达不到结构升级的需求；其次，我国产业结构上的"反效率"配置虽已开始扭转，但产业间的效率落差未能被充分利用；最后，产业劳动生产率和劳动报酬上升结构性扭曲。

　　其一，发达国家"再工业化"政策所带来的压力。金融危机后，发达国家开始推行以"本土先进制造业""战略新兴产业"和"低碳经济"三大支点为基础的振兴战略，促使位于发展中国家的制造业开始向发达国家回流，加强了发达国家对全球高端产业价值链的垄断，以及对发展中国家分工环节的控制。其二，随着我国逐渐丧失在土地和劳动力方面的相对价格优势，国际代工的重心开始向东南亚转移。这一趋势与发达国家的"再工业化"一起构成了对中国制造的"两头挤压"，严重影响了我国原有的全球价值链分工基础。其三，新的科学革命和技术革命即将爆发，欧美发达国家长期以来积累的研发优势使其更容易抢占制高点，从而建立发达国家主导的"国际标准"，成为未来科技革新与产业革命红利的主要受益者。

　　组建跨国技术战略联盟，开展深层次价值链合作。地方政府可以通过实施税收优惠、提供引导资金、土地租金减免等措施，鼓励跨国公司与国内企业在研发设计、市场开发、品牌渠道等方面发展战略联盟，以更为直接地获取有关技术和全球市场的变化信息；注重在创新环境上提供便利的基础条件和健全的法律环境，如建立区域性公共技术平台、促进技术交流共享等。同时，加强人才吸引力度，建立知识产权保护体系，促进科技成果的合法转移、推广及商品化。

作　者

2021 年 2 月

目　录

第一章　新形势下我国制造业研究

第一节　我国制造业高质量发展

推动制造业高质量发展是构建现代化经济体系的重要一环。虽然我国已成为名副其实的制造业大国，但我国制造业发展仍然存在着产业层次较低、品牌国际影响力不强、盈利能力较弱等问题，亟须从技术创新、金融支持、人才培养、品牌建设等领域推动制造业高质量发展。

一、推动制造业高质量发展的现实紧迫性

制造业是强国之基、立国之本，是实体经济的重要基础，推动制造业高质量发展是构建现代化经济体系的重要一环。无论是从建设现代化产业体系看，还是从实现经济高质量发展和应对复杂的国际形势看，推进制造业的高质量发展都是我国经济发展的主攻方向。

（一）保持我国经济发展优势的需要

中华人民共和国成立之初，农业和手工业是我国产业结构的主体，面对西方资本主义国家的孤立和封锁，为迅速改变经济落后状态，我国优先发展重工业，在"一五计划"提出建立以重工业为主、轻工业为辅的工业生产体系。随后又提出"四个现代化"，将农业、工业、科技、国防现代化作为经济现代化的重点。改革开放以后，经济体制从计划经济向市场经济转变，激发了我国制造业的市场活力。"科学技术是第一生产力"重要论断的提出及一系列科学技术改革相关政策的推出，有力地推动了制造业创新的加速发展。2001年我国加入世贸组织后，"中国制造"逐步走出国门，尤其东南沿海一些出口导向型产业发挥低成本优势，成为国际制造业的生产外包基地，"中国制造"世界闻名。在促进制造业发展的政策措施作用下，我国制造业增加值稳步提升：2006年赶超日本，2010年追上美国。如今我国制造业无论从产量、进出口总额，到从业人员数量都连续多年稳居世界第一，成为名副其实的制造业大国。

2019年上半年，我国制造业增加值占GDP的比重为29.47%；2018年，日、韩两国占比分别为20.73%和27.23%，美国的制造业占比为11.4%，而其服务业占比却超过80%，金融、保险、房地产等虚拟经济比重过大，经济空心化趋向严重。这对我国也是一

种警示。

在所有发展中大国中,唯有我国高度重视发展制造业并使其成为国民经济支柱产业,以此带动了国民经济体系的完善,形成了支持制造业发展的教育、科研、交通运输等配套体系,这是我国有别于其他发展中大国的最大发展优势,也是我国能够实现经济赶超的最直接原因。

(二)顶住经济下行压力、实现稳增长的需要

2019 年二季度以来,我国经济下行压力持续加大。2019 年二、三季度,GDP 增速分别为 6.2% 和 6.0%,环比均回落 0.2 个百分点。从产业角度看,经济增速回落主要是由制造业引起的。2019 年二、三季度,制造业增加值增速分别为 5.5% 和 4.8%,环比分别回落 1 个和 0.7 个百分点。可见,稳增长主要依靠稳住制造业增长。

为实现我国经济稳增长,制造业的转型升级举足轻重。据国家统计局发布的数据显示,2019 年制造业采购经理指数(PMI)整体保持平稳,围绕着临界点上下波动,且下半年呈上升趋势,这从一个侧面反映了我国经济保持了总体平稳、稳中有进的基本局面。从高技术制造业来看,9 月 PMI 为 51.3%,高于制造业 PMI1.5 个百分点,连续 8 个月位于 51.0% 以上景气扩张区间。这也体现出我国高端制造业持续扩张,高质量发展的效果渐显,在为制造业发展注入新动能的同时,也进一步强化了我国经济的韧性。

党的十八大以来,我国城乡居民收入持续较快增长,居民消费需求也不断升级,在消费规模快速扩张的同时,消费升级步伐也在加快。消费层次由温饱型向全面小康型转变,消费品质由中低端向中高端转变,消费形态由物质型向服务型转变。目前,我国经济增长越来越依靠内需和消费。制造业必须进一步提升产品品质,同时通过创新和研发推出新产品和新服务,不断向高端制造业转型,才能适应市场需求,促进消费的稳定增长,进而推进经济稳健而有效增长。

(三)实现经济高质量发展的需要

党的十九大报告指出,我国经济已由高速增长阶段转向高质量发展阶段。推动高质量发展是当前和今后重中之重的任务,而制造业的高质量发展关系到经济高质量发展的全局,必须摆在更加突出的位置。

建设现代化经济体系重要着力点在于实体经济,而振兴实体经济一定要抓好制造业。目前,我国制造业在 GDP 中的比重接近 30%,是推动国民经济增长的主要力量。一方面,制造业为农业、服务业提供设备、动力和技术保障,这在很大程度上决定着现代农业、现代服务业的发展水平;另一方面,制造业通常还是国民经济各部门中生产效率最高、提升速度最快的部门,要提高经济发展的整体效率,离不开制造业的引领和支撑。没有高质量的制造业,就难以提高供给体系的质量,就没有整个经济发展的高质量。

国际经验也表明,经济发展质量高的国家和地区,往往拥有竞争力较强的制造业。当前,发达国家纷纷实施"再工业化"战略,加强对先进制造业前瞻性布局,抢占未来产业竞争

制高点。德国发布《国家工业战略 2030》，强调要坚持以制造业为基础的发展模式，提出将制造业增加值比重由目前的 23% 提高到 25%。美国政府近期发布了《美国先进制造业领导力战略》等政策文件，提出聚焦发展人工智能、先进制造、量子科技和 5G 技术等关键领域。与此同时，一些发展中国家也积极利用低成本劳动力优势，承接国际产业转移。

因此，建设现代化经济体系，推动经济高质量发展，关键在制造业，制造业必须加快向高质量发展转变。

二、实现制造业高质量发展亟须解决的突出问题

我国虽是制造业大国、全球制造业中心，但从总体上看，制造业大而不强，制造业发展仍面临着一些突出问题。

（一）产业层次偏低，高端产业发展不足

中华人民共和国成立 70 年特别是改革开放 40 多年来，我国制造业持续快速发展，建成了门类齐全、独立完整的工业体系，成为世界制造业第一大国，有力推动了工业化和现代化进程，显著增强了我国综合国力，支撑了我国的大国地位。但比较来看，我国制造业总体上仍处于全球价值链的中低端，高端产业发展不足，大而不强。当前全球制造业已基本形成四级梯队发展格局：第一梯队是以美国为主导的全球科技创新中心；第二梯队是高端制造领域，包括欧盟、日本；第三梯队是中低端制造领域，主要是一些新兴国家；第四梯队主要是资源输出国，包括 OPEC（石油输出国组织）、非洲、拉美等国。在这四级梯队中，中国处于第三梯队，而且这种格局在短时间内难有根本性改变。

2019 年，我国高技术制造业增加值仅占规模以上工业增加值的 14.4%。在我国制造业增加值构成中，纺织服装、食品、轻工、石化、冶金等传统中低端产业占比超过 55%，而电子、汽车等中高端产业占比低于 30%。高端制造业出口占总制造业出口的比重，我国与美国和德国相比有较大差距，2014 年美国接近 60%、德国为 53%，而我国为 42%。更为严峻的是，近些年来，国内高端产业发展仍显不足，而中低端产业发展又存在产能过剩的情况。

（二）制造业基础能力薄弱

改革开放以来，中国制造业基于庞大的市场规模、后发模仿赶超的技术路径、要素低成本供给等比较优势，快速发展成世界产业规模第一的制造业世界大国。但是，同样也是由于上述比较优势，造成了中国制造业产业规模快速扩张的背后是中国产业基础能力存在巨大短板的严峻现实。中国制造业的核心基础零部件（元器件）、关键基础材料、先进基础工艺和产业技术基础等产业基础能力与工业化国家差距很大，这严重制约了产业链的高级化、合理化水平，影响到中国制造业高质量发展，制约了现代化经济体系建设。

近年来，我国高端制造业虽然有了长足的进展，在通信设备、轨道交通和能源设备等方面已居世界前列，但在核心关键技术上仍然依赖进口，集成电路及其制造装备、操作系

统及软件、航空发动机和医疗器械等方面发展滞后，竞争力不强，与发达国家还有很大差距。包括高端装备、集成电路等高端零部件、高端材料、高端消费品在内的高端制成品，我国还不得不依赖进口。美国及其他发达国家对我国发展高端制造业进行遏制，在知识产权和技术转让方面频频发难设限。我国制造业向产业链中高端迈进仍任重道远。

（三）拥有国际影响力的品牌不多

相较于我国制造业的发展速度，我国制造的品牌建设明显滞后。我国制造业的主流仍在国际竞争中走"国际代工"的道路，通过大规模地创建具有自主知识产权的国际品牌来实现我国经济整体的产业升级，目前这个阶段还没有真正到来，离品牌强国还有很大差距。品牌咨询公司 Interbrand 发布的 2019 我国最佳品牌排行榜 50 强显示，虽然我国上榜品牌的整体价值分数提升了 15%，但入选企业真正堪称"国际大牌"的屈指可数。从海外营收占比、全球主要市场及全球化布局等方面衡量，我国只有华为、联想、美的、海尔和小米五家符合"国际大牌"的标准，而这五家与驰名全球的顶尖品牌相比也仍有差距。

在全球化的浪潮下，没有品牌的产品和没有品牌的企业都很难在全球市场竞争环境中生存下去，也非常不利于我国制造业的健康发展。我国制造业如果想要继续占据国际市场，就需要扭转国外对"我国制造"价格低廉、粗制滥造的固有印象，打造在全世界具有影响力的国际品牌。

（四）效率偏低、盈利能力不强

与世界制造强国相比，我国制造业劳动生产率偏低。根据《2019 中国制造强国发展指数报告》提供的数据，我国 2019 年制造业劳动生产率仅为 28974.93 美元 / 人，而只分别相当于美国、日本、德国的 19.3%、30.2%、27.8%。我国当前的制造业劳动生产率仅相当于美国 20 世纪 40 年代、德国 20 世纪 50 年代、日本 20 世纪 70 年代、韩国 20 世纪 80年代的水平。

盈利能力偏低。在去产能作用下，2016 年和 2017 年制造业利润增速加快至 12.3% 和18.2%。但随着去产能效应的减弱，2018 年增速回落至 8.7%，2019 年我国制造业实现利润总额人民币 51903.9 亿元，比上年更是下降 5.2%。根据财富杂志 2019 年 7 月公布的世界 500 强企业榜单，在车辆与零部件行业中，我国入选的 6 家企业（不含中国台湾和香港地区的企业）中，营业收入利润率最高为 3.99%，而国外的大众、丰田、通用、宝马等企业均在 5% 以上。收入利润微薄导致企业没有研发投入的空间，大部分企业长期依靠技术引进和模仿制造，在大规模投资基础上快速形成了庞大生产能力，但粗放型的增长模式也导致制造业利润偏低，从而陷入了"利润越低，越不敢投入研发"的恶性循环。

同时，金融和实体经济失衡，一定程度上存在资金"脱实向虚"的现象，制造业企业融资难、融资贵问题突出。2013—2017 年我国中长期贷款余额中，制造业领域占比已从2013 年的 11.2% 下滑至 2017 年的 7.4%。

制造业盈利能力低加上制造业企业融资难，使制造业研发投入明显不足。党的十八大以来，我国制造业研发投入力度不断加大，但与世界制造业强国相比，仍有很大增长空间。2017 年，中国制造业研发投入强度为 1.98%，相当于美国、德国、日本、韩国的 76.7%、64.9%、58.9%、54%。

（五）高技能人才队伍供给不足

习近平指出工业强国都是技师技工的大国，我们要有很强的技术工人队伍。随着我国经济转型升级和制造业结构优化，造成高技能人才的需求量剧增，高技能人才严重不足。根据人力资源和社会保障部 2018 年 10 月的数据，全国技能劳动者 1.65 亿人，仅占就业人员总数的 21.3%；高技能人才 4791 万人，仅占技能劳动者总数的 29%。作为世界第二大经济体，我国高技能人才的占比与世界上的制造业强国有着显著的差距。日本、德国等发达国家制造业高技能人才数量已占到技能劳动者总数的 40% ~ 50%。未来十年内，我国技能劳动者需求将继续保持不断增长的趋势，技能人才队伍建设将是人力资源强国的重要内容。

三、推动制造业高质量发展的基本思路

针对我国制造业高质量发展需要解决的突出问题，需要从科技创新、金融支持、人才培养、品牌建设等重点领域发力。

（一）依靠科技创新，提高制造业发展的质量和效益

习近平强调，制造业是实体经济的一个关键，制造业的核心就是创新，就是掌握关键核心技术；我们现在制造业规模是世界上最大的，但要继续攀登，靠创新驱动来实现转型升级，通过技术创新、产业创新，在产业链上不断由中低端迈向中高端。

随着全球新一轮科技革命和产业变革的加速推进，以智能化、绿色低碳为特征的现代制造业正在重塑国际产业分工和全球贸易格局，创新驱动的现代制造业正在成为各国争抢的竞争制高点和新的经济增长点。因此，把握科技发展规律，围绕创新驱动，汇聚创新力量，以自主创新推动制造业高质量发展，才能牢牢把握住制造业高质量发展的主动权。要将创新作为推动制造业高质量发展的主要动力。一要鼓励企业加大研发投入，落实企业研发费用加计扣除政策。发挥国有企业在技术创新中的重要作用，建立创新导向的国有企业经营业绩考核制度，研发投入视同利润，引导企业建立研发投入稳定增长机制。二要进一步深化科技体制改革，建立以企业为主体、市场为导向、产学研深度融合的技术创新体系，提高科技创新对产业发展的支撑能力。布局建设高端制造业创新中心，构建开放、协同、高效的共性技术研发平台。三要加强企业创新能力建设，支持企业承担国家科技计划项目，支持有条件的企业建设国家和地方的重点实验室、企业技术中心、制造业创新中心等。四要发挥大企业对中小企业技术创新带动作用，鼓励大企业对供应链上的中小企业提供技术支持和服务，形成技术能力整体提升的生态系统。五要利用信息技术、人工智能、云计算等新兴技术促进制造业生产组织和管理模式变革；利用数字技术应用和工业互联网的发展

促进制造业与物流、服务一体化联动发展。共同形成生产、流通、消费"三位一体"的共享经济生态链，尽快推进产业基础高级化、产业链现代化。

（二）推动更多金融资源流向制造业，增强现代金融服务制造业发展的能力

习近平指出："金融是实体经济的血脉，为实体经济服务是金融的天职，是金融的宗旨，也是防范金融风险的根本举措。"在我国经济发展的新时代，现代金融体系的根本目的是服务于以制造业为主的实体经济，两者往往一荣俱荣、一损俱损。为更好地建设现代化经济体系，需要大力发展各类金融市场，引导资本流向实体经济领域。积极推动投融资体制改革，鼓励金融创新，改革完善金融对实体经济的支持机制，尤其是加大对先进制造业的融资支持。营造更为良好的金融环境，激发全社会的资金活力，吸聚大量社会闲置和零散资本，不断改善实体经济壮大所需的金融环境。

（三）建立制造业人才培养体系，实现人力资源同制造业协同发展

人才是制造强国建设的第一资源，创新驱动本质上是人才驱动，科技人才是人力资源中最具创新活力的群体。要把人才作为制造业科技创新的核心要素，充分激发各类科技人才的创造性，不断提升制造业创新实力和创新优势。当前，我国制造业人才队伍在总量和结构上都难以适应制造业高质量发展的要求。从总量上看，新兴产业领域、跨学科前沿领域人才缺口大；从结构上看，创新型、高技能等高素质人才占比明显偏低，既懂制造技术又懂信息技术的复合型人才更是紧缺。据统计，目前我国高技能人才占就业人员的比重只有 6% 左右，而发达国家普遍高于 35%。

1. 重视创新型人才培养

深入实施人才强国战略，深化人才培养体制机制创新，加大高端科技创新人才队伍建设，突出"高精尖缺"导向，推进人才培养由规模增长向质量增长的转化。加快推进"产学研"一体化，引导企业、高校、科研院所集中优势资源，培养世界前沿学科的专业人才。弘扬劳模精神和工匠精神，培养一大批具有创新精神和国际视野的企业家人才、各领域专家型人才和高级经营管理人才，建设知识型、技能型、创新型劳动者大军。

2. 引导高端创新型人才流向制造业领域

制造业企业要实施更加积极、开放、有效的人才政策，努力把高层次人才引向制造业。鼓励企业创新奖励，建立客观合理创新成果评估体系，形成知识创造价值、价值创造者得到合理回报的良性循环，激发各类专业人才在企业创新上不断突破。

3. 壮大高技能技术工人队伍

制造强国离不开大国工匠，制造业的高质量发展必须有一支强大的高技能技术工人队伍做支撑。要完善职业技能鉴定体系，扩大企业技能评价自主权。要加大高技能人才培训培养力度，搭建学习交流平台。要明确技能人才晋升通道，完善首席技师和师带徒制度。

（四）拓宽高端制造产品国际市场，培育具有全球竞争力的世界一流企业

我国高质量发展的一项重要任务就是建设世界品牌。品牌是企业长期发展的根基，也是企业乃至国家竞争力的综合体现。

1. 通过体制创新推动品牌创新

建立考核机制，按照产业发展情况对各省及中央企业制定考核指标，以效率效益、创新驱动、实业主业为导向，引导各省、各企业加快转变发展方式。建立激励机制，对取得重大科技创新成果的地区和企业给予奖励。鼓励各省、各企业建立创新中心，促进科技研发及科技成果转移转化。

2. 培育具有全球竞争力的世界一流企业

《中国制造2025》指出："要引导企业制定品牌管理体系，围绕研发创新、生产制造、质量管理和营销服务全过程，提升内在素质，夯实品牌发展基础。"鼓励我国制造业企业在技术、管理、国际化水平等各方面对标世界一流企业。

3. 拓展我国高端制造业产品的国际市场

在全球化浪潮下，我国高端制造产品"走出去"是必然趋势。着力抓住"一带一路"这个大机遇，稳步开展国际合作，开拓国际高端市场和领域，在扩大"朋友圈"的同时，提升我国标准影响力和走出去力度。加快构建由中国企业自己主导和引领的跨境产业链与全球价值链。推动国内产业转型升级，实现国内外产业互联互动互促，使"走出去"战略进入提质、增效和升级的新阶段。

（五）加快制造业结构优化升级，推动制造业高质量发展

优化结构是适应生产要素条件变化、推动制造业高质量发展的关键所在。习近平强调，把经济发展抓好，关键还是转方式、调结构，推动产业结构加快由中低端向中高端迈进。

推动制造业结构优化升级，要坚持两手抓，一手抓传统产业改造升级，一手抓新兴产业培育，加快制造业向高端、智能、绿色、服务方向转型升级，推动新旧动能接续转换。要纠正认识偏差，不能把新动能简单理解为就是培育发展新兴产业，运用新技术、新业态、新模式改造提升传统产业也是新动能。我国制造业中传统产业占比超过80%，改造提升传统产业具有巨大潜力和市场空间。

要坚持深化供给侧结构性改革不动摇，加快处置"僵尸企业"，实施新一轮重大技术改造升级工程，大力培育发展新能源汽车、新材料、人工智能等新兴产业，打造一批世界级先进制造业集群，保持好全球最完整的产业体系，不断提升产业链水平。

第二节　我国制造业质量变革战略

高质量发展是我国未来经济发展的战略方向，而制造业高质量发展则是经济高质量发展的核心和基础。进入新时代，制造业高质量发展不能继续依赖传统要素投入数量和成本优势，必须转变新的发展动能以提高产业增长的质量和效益。在此背景下，本节聚焦质量变革战略，从解读质量变革的深刻内涵着手，进而分析实施制造业推进质量变革的必要性，并提出推进制造业质量变革的路径，力求为各地制造业高质量发展提供有益参考。

一、质量变革的内涵解析

质量变革是指改变质量发展的本质。具体到制造业质量变革，要从理念、目标、制度到具体领域等工作细节进行全方位变革，提高整个制造业发展的质量效益，增加有效和中高端供给，加快推动制造业从要素投资驱动转向创新驱动，从规模速度型增长转向质量效率型增长。具体有以下几个重点：

（一）创新是质量变革的重要动力

习近平总书记指出："创新，是一个民族进步的灵魂，是一个国家兴旺发达的不竭源泉，也是中华民族最深沉的民族禀赋。"创新与质量相互促进，没有质量的创新不是成功的创新，缺少创新的质量也不会成为高水平的质量。制造业创新能力的提高有利于提升城市全要素生产力，进而提高城市经济增长质量。中国发展进入新时代，要大力营造有利于科技创新、制度创新、文化创新等各方面创新的环境，为实现经济发展的质量变革提供持续动力。

（二）市场是质量变革的配置主体

无论是促进先进生产要素的流动和优化配置、打破垄断、鼓励竞争、优胜劣汰，还是稳定企业家预期，调动各方面人才的积极性、创造性，都要求把市场在资源配置中起决定性作用落到实处。政府需要以完善产权制度和要素市场化配置为重点，强化知识产权保护和激励，深化国企、国资、土地财政、金融、政府行政管理等重点领域的改革，推动创新要素的流动和聚集。

（三）协调是质量变革的内在要求

在新的发展阶段，需要以推动质量变革为抓手，协调好稳增长与调结构之间的关系，协调好提供高质量供给与淘汰落后产能之间的关系，协调好经济发展与环境保护之间的关系，协调好物质文明与精神文明之间的关系，促进人口、经济与资源、环境的空间均衡，促进各类生产要素有序自由流动，进而实现更高质量、更有效率、更可持续发展。

（四）绿色是质量变革的发展方向

习近平总书记强调："我们既要绿水青山，也要金山银山。宁要绿水青山，不要金山银山，而且绿水青山就是金山银山。"要加快全方位绿色技术创新体系和绿色金融体系建设，推动资源全面节约和循环利用，形成清洁低碳、安全高效的能源体系，在全社会倡导绿色消费文化，培育绿色消费体系，建设绿色交通、绿色休闲、绿色餐饮、绿色住宅等生态产业，使绿色发展真正成为人们提高生产生活质量的重要标准，成为质量变革的方向。

（五）开放是质量变革的必由之路

一方面，我国是最大的发展中国家，与发达国家相比，仍然处于追赶期，需要继续学习发达国家的先进技术和经验，在更高水平上融入全球分工体系，这正是我国在总体上已不再缺资金，但仍需要引进外资的原因。另一方面，开放发展有利于对接国际上处在价值链中高端的技术、管理、供应链、营销渠道、品牌、人才等优质要素，全面提升我国产业与企业的国际竞争力，形成更有广度和深度的开放型经济体。

二、制造业质量变革的必要性

（一）制造业低质量的发展模式难以为继

长期以来，依靠低劳动力成本优势以及改革开放的制度红利，我国制造业取得了快速的发展，建立了世界上产业品类最为齐全的工业体系。同时，我国制造业的发展仍然面临着多重瓶颈，整体上"大而不强"，传统的低质量发展模式难以为继。具体表现为：第一，创新能力面临瓶颈。改革开放以来，以市场换技术的方式大量引进外资和技术，以解决我国经济社会快速发展的问题，出口利润被外商大量盈利，而想要得到的高新技术特别是核心技术非常欠缺。我国制造业企业一边要付出高昂的专利费，一边用低廉的劳动力加工外国品牌，换来的是却是微薄的利润。第二，价值链升级困难。我国制造业主要依靠"三来一补"起家，代工、贴牌生产为主要业态，虽然近年来取得了迅猛发展，但总体上仍然以资源密集型、劳动密集型产业为主，产品结构则以低技术含量、低附加值产品为主，在经济效益上还存在高成本、低效益问题，制造业处在全球产业价值链的下游。第三，成本的比较优势消失。我国大多数制造业企业面临劳动力、土地等成本持续上涨的压力。长期以来，农村剩余劳动力可转移人数、适龄劳动力人口整体呈下降趋势，劳动力成本呈长期上升态势。以笔者所在的东莞为例，2006年后东莞制造业的劳动力成本出现加速上涨态势，近十年来制造业平均成本年均上涨25%以上。2008年至今，厂房的平均租金上涨了2～3倍，制造业的成本比较优势已逐步丧失。

（二）制造业质量变革是推动高质量发展的重要举措

高质量发展是发展方式、经济结构和增长动力的转变，为经济发展提供新的、系统化的视角。十九大报告提出，为了更好地贯彻新发展理念，建设现代化经济体系，必须坚持质量第一、效益优先，以供给侧结构性改革为主线，推动经济发展质量变革、效率变革、动力变革，提高全要素生产率。历史经验表明，大国经济必须依靠实体经济，而实体经济的核心是制造业。制造业从低端逐步向中高端升级迈进，是支撑大国经济实现工业化和现代化的根本力量。推进制造业质量变革，能够促进实体经济、科技创新、现代金融、人力资源协同发展，更好地顺应现代化发展潮流和赢得国际竞争主动，为实现经济发展、改善人民生活、参与国际竞争提供强有力的支撑。

（三）制造业质量变革是转变经济发展方式的有力抓手

质量变革后的先进制造业具有技术先进、知识密集、附加值大、成长性好、带动性强等特征。有研究表明，美国先进制造业领域年人均产出是非先进制造业领域的两倍，每个先进制造业岗位可带动供应链上 3.5 个工作岗位。推进制造业质量变革，能够强化创新的引领作用，优化要素配置，提升质量品牌附加值，扩大有效和中高端供给，提高供给体系的质量和效率，促进发展模式向绿色集约方向转型，实现发展方式的根本性转变，从而全面提升长远竞争力。

当前，随着我国的工业化进入中后期阶段，制造业具备了整体上向更高层次、更高水平发展的基本条件。推动制造业高质量发展，要主动对接国家发展战略部署和总体布局，抓住历史性机遇，通过深入实施制造业质量变革战略，积极破除制约发展的障碍，培育新动能和改造提升传统动能，加快推动制造业迈进高质量发展新时代。

三、制造业实施质量变革的新路径

（一）通过进一步改革优化质量发展环境

1. 深化前端准入改革

进一步精简企业开办流程，搭建企业开办全流程网上办理系统，提升开办企业服务体验。推进便利跨境投资改革，允许符合条件的港澳投资者登记注册托管企业及集群企业。分批次对涉企经营许可事项实行"证照分离"改革，进一步缩减市场准入负面清单，推动"非禁即入"普遍落实。落实个体工商户转型升级为企业政策措施，完善市场主体退出机制，开展企业简易注销改革，优化市场主体结构，提升市场主体发展质量。

2. 落实企业质量主体责任

建立企业首负责任制，引导企业成为行业秩序、市场环境的监督者和维护者，切实履行社会责任。推动企业加强质量安全风险预防和控制，建立健全重大质量事故报告及应急处置制度，积极购买产品质量安全责任保险，履行缺陷产品召回、不合格商品下架等法定义务，依法承担质量损害赔偿责任。完善企业质量信用档案，实施质量信用分类和信用约束管理制度，实现监管部门间的企业质量信用信息共享互用。

3. 统筹质量基础设施建设

加大对质量基础设施（NQI）的投入，整合质量基础资源，打造以企业需求为核心、线上线下一体的质量基础公共服务综合平台，向社会提供计量、标准、检验检测、认证认可等服务。支持社会力量开展检验检测，鼓励企业设立第三方检测技术机构，向社会提供专业化公共服务。推动优势行业和新兴产业搭建质量提升联盟，实现联盟成员能力互补、技术互助、信息互通，提升质量基础服务效能。

4. 推动产品供给结构升级

建立智能制造全链条服务，协调重点企业对接专业机构和团队，推动企业开展智能化诊断、项目改造、技术攻关等工作，培育系统解决方案服务商，扩充专业服务资源池内机构数量，助推供给层次升级。推动电商产业和加工贸易融合发展，引导制造企业与电商平台共建优质产品专区，开展服务质量评价认证，加强电商质量品牌建设，强化平台监管，对接平台建立网络投诉举报快速处置平台和异常名录库，遏制职业索赔行为，共建事先防范机制，加强网络监测预警，维护电商行业秩序。

5. 强化知识产权创造运用保护

加强知识产权主体培育。鼓励企业通过自主创新、技术引进等多种途径，掌握一批高价值知识产权，形成具有市场竞争力的知识产权资产组合。推动知识产权运用转化。提升知识产权交易服务中心运营水平，推进探索知识产权标准化、证券化，促进商标专利资产转化为金融资产、股权，释放知识产权制度红利。鼓励专利服务机构开展专利标准化培训、试点工作，引导企业将创新成果或专利成果融入企业标准。加大知识产权保护力度。完善部门联动执法机制，严厉打击侵犯知识产权的行为。加强侵权假冒事前风险防范，推进区域知识产权保护协作。

（二）通过打造品牌构筑质量发展优势

1. 完善品牌发展政策

鼓励利用财政、税收、土地等制定质量品牌激励政策，对导入卓越绩效管理模式的企业、实施公共性质品牌建设服务的第三方非营利性组织等给予支持。延伸商标受理窗口至各区县商标品牌指导站，探索建立品牌培育、管理、价值评价方面的地方标准，搭建品牌建设公共服务平台和中介服务机构。设立商标品牌战略专项资金，支持商标注册、驰名商标创建等工作开展，引导专项资金集中向高精尖企业和品牌靠拢，推动产品向品牌转变。

2. 构建品牌发展梯队

推行卓越绩效管理先进企业评价及质量奖评审制度，引导企业制订实施品牌战略规划，培育具有国内外影响力的企业品牌，建立起国家、省、市质量奖企业和卓越绩效管理先进企业四级质量品牌企业梯队。引导行业协会、技术联盟建立适应市场需求、技术指标水平领先的团体标准体系，积极参与权威机构开展区域质量品牌价值评价，形成产业集群的区域质量品牌效应。加快构建企业品牌、行业品牌、区域品牌三位一体的制造业品牌体系。

3. 促进品牌运用提升

加强商标品牌资源开发利用，支持企业通过商标品牌运用参与市场竞争，强化品牌策划，打造独特的持续发展品牌。提升商标品牌资产运用能力，实现品牌价值的转化、利用和提升。加大品牌宣传推介力度，讲好城市品牌故事，建立城市品牌实体和虚拟展示中心，鼓励行业协会、企业与媒体深入合作，扩大品牌社会影响力。支持品牌企业组团参加海内外交易会、博览会等，提高城市品牌企业的市场占有率及社会影响力。

（三）通过深入合作拓展质量发展空间

1. 打造质量发展创新平台

深化部门校企多方合作，整合高校、科研院所、技术机构、行业协会等资源，打造制造业高质量发展的协同创新平台，开展质量管理、品牌建设、标准化应用、知识产权运营等方面的理论研究，推动研究成果转化。举办高质量发展论坛、质量大讲堂、质量管理面对面、标杆企业现场观摩学习等主题活动，提升企业家的质量素养，增强企业高质量发展内生动力。

2. 提升标准国际化水平

整合标准化信息应用平台，支持专业镇、行业协会和企业创建特色产业标准化科普教育、实训基地，试点推动全环节国际服务合作模式，探索实现"一个标准、一次测试、一张证书、全球通行"目标。建立国际标准化组织对话平台和合作机制，支持标准技术机构建设 WTO ／ TBT 信息服务平台，帮助出口型企业了解北美、欧洲、东盟等贸易对象国的技术标准体系。鼓励企业参与国际标准化组织活动，对主导或参与制修订国际标准、承办国际标准化活动或到国外参与国际标准化活动的企业给予资金奖励。

3. 推动检测认证国际互认

根据国家市场监管总局和省市场监管局部署，推动相关机构的检验检测认证结果在不同部门、层级和地区间互认通用。鼓励检验检测机构获得境外认证机构实验室授权，支持更多境外认证完成产品测试环节。支持检测认证机构承办和参与国际活动，开展认证认可国际标准、规则制定，扩大在相关国际组织中的影响力。鼓励优质外资检验检测认证机构在当地设立分支机构，开展先进质量认证标准比对研究，引进国外先进认证标准、技术和服务，扩大产业急需的检验检测认证服务进口。

第三节　我国制造业竞争新优势

我国拥有全球规模最大、链条和配套最完善的制造业体系，制造业也是我国最具国际竞争优势的经济部门，是改革开放以来推动中国经济高速发展最重要的力量。随着我国工业化水平的不断提高，制造业传统要素条件和优势亦随之发生变化，同时还面临更加复杂的全球竞争形势，以及融入新一轮科技革命和产业变革下国际分工新格局的挑战。对此，我国制造业必须加快转型升级，不断提高发展质量，在巩固传统竞争优势的同时培育新的竞争优势。

一、国际分工格局发生深刻变化

当前，新一轮科技革命和产业变革潮涌，同时受国际金融危机影响，世界各国对发展制造业的态度也发生了明显转变，全球制造业的竞争形势呈现出新的面貌。

一方面，以美国为代表的发达经济体认识到离岸外包造成的产业空心化危害，以及制造业对支持创新、促进就业的重要作用，纷纷提出重振制造业的战略，促进制造业回流。比如，美国 2009 年以来接连发布《重振美国制造业政策框架》《美国制造业促进法案》《美国先进制造业领导战略》等；德国发布的《国家工业战略 2030》草案亦提出，2030 年，其工业增加值占 GDP 的比重要提高到 25%。另一方面，一批发展中国家加快基础设施建设步伐，加大招商引资力度，积极承接劳动密集型产业国际转移。

在此背景下，我国提出高质量发展，促进产业加快转型升级，在质量变革、效率变革、动力变革方面取得明显进展。主要表现为一些存在短板的产业基础领域（如工业元器件、新材料）有了明显进步，减轻了对进口的依赖；在高科技最终产品上取得重大突破，比如，掌握自主知识产权的复兴号高铁实现了量产；一些高技术消费品的技术水平、市场份额、品牌影响力显著提高；数字经济领域的技术创新和商业模式创新处于世界领先地位；新一代信息技术在各行业的应用持续推进，制造业的生产效率和服务能力显著增强；经济的绿色发展水平明显提升，节能环保等绿色产业快速增长等等。

需要注意的是，受国际经济形势变化和各国产业发展战略调整的影响，国际分工格局发生了明显变化。一是发展中国家经济快速增长，发展中国家特别是亚太地区在世界经济、国际贸易和直接投资中的地位不断提升。二是劳动密集型产业国际分工孕育重大变化。一批发展中国家的要素成本优势不断转化为产业优势，全球劳动密集型产业的重心也出现转移。比如，越南的纺织服装出口就连续多年保持两位数的增速，成为继中国、印度后全球第三大纺织服装出口大国。三是服务贸易和数字经济在国际分工中的重要性显著提高。数字技术能够支撑制造业企业基于产品开发更多的高附加值增值服务，在经济中的比重越来越大。比如，按照较宽的口径统计，在中国和美国，数字经济占 GDP 的比重已经超过 30%。与此同时，数字经济在国际贸易中的比重也在不断提高。值得注意的是，数字经济领域呈现出中国和美国领先的态势。美国是世界科技创新中心，拥有一批行业领先企业；中国拥有的个人用户和企业用户数量众多，更容易形成有足够用户基础的企业，在数字经济领域后来者居上，成为发展规模仅次于美国的国家。

总的来看，新一轮科技革命和产业变革正在全球兴起，世界主要国家均着眼于新工业革命和新发展机遇，发布了一系列支持制造业发展和创新的政策，以期获得更好的国际分工地位，无论是传统领域还是前沿科技领域的竞争都将日趋激烈。

二、制造业传统优势呈现新趋势

在国际分工格局发生深刻变化的背景下，我国制造业的传统优势也随之发生变化。

第一，劳动密集型产业成本优势弱化。长期以来，劳动力、土地等制造业的要素成本较低是我国承接发达国家产业转移、参与制造业国际分工的基础性优势。但近年来，我国制造业人力成本连年增长，这在相当程度上弱化了我国劳动密集型产业的竞争优势。人力成本持续上升，也使我国技术密集型产业形成国际竞争力面临更大挑战。尽管从整体上看，我国与发达经济体相比，制造业人力成本仍然较低，还有相对的劳动生产率优势，但在先进制造业领域，我国不但没有成本优势，而且存在较为沉重的成本负担。比如，对于集成电路产业的高端技术研发人才和管理人才，国内企业要付出 3 ~ 5 倍的薪酬溢价才能从韩国、日本等国家和地区招聘到合适的人选。可以说，高素质人力资源供给不足及其带来的成本负担，是我国制造业转型升级面临的巨大挑战。

第二，市场规模优势日益凸显。尽管在全球产业分工不断深化、全球市场持续一体化的背景下，制造业是可以利用国际市场获得发展的。但是在理论上，本土市场的互动效应、市场规模的诱致效应、本土市场规模的终端需求效应会对本土产业升级产生更重要的积极影响。国际经验也表明，对于大国的制造业特别是高技术制造业而言，稳定增长的国内市场是助推其发展的"无价之宝"。比如，在半导体产业发展初期，美国国内的需求就比世界其他国家的总需求都要高。正是美国国内如此庞大的市场需求，为其半导体研发和产品改善提供了宝贵的"试验田"，从而为美国在此后的 ICT 技术革命及产业应用中领跑全球打下了坚实的基础。目前，我国的市场需求规模已与美国不相上下，即使我国 GDP 保持中高速增长，随着经济新常态下内需驱动力的进一步增强、人均 GDP 水平的提高，我国国内市场的规模仍将持续快速增长，这将为我国制造业的发展提供强大的本土市场优势。

第三，完备的产业链配套优势将会持续。我国已形成涵盖各类加工制造业和装备制造业的比较完备的制造业体系，既能够满足居民和政府部门的物质消费需求，又能为国民经济各部门的简单再生产活动和扩大再生产活动提供技术装备。完善的产业配套优势，一方面使制造业发展有其上下游辅助配套和需求市场，优化了制造业的产品结构；另一方面则意味着不同类型、不同要素密集度的加工、生产、组装等制造环节相辅相成并各自发挥作用。完备的产业链配套，显著缩短了我国制造业创新的产业化周期，能让技术创新成果更快"开花结果"，这对技术密集型产业特别是新兴产业来说是十分重要的优势。整体上看，除了少数先进制造业的装备、零部件和材料配套能力相对较弱，我国制造业产业链配套能力处于全球前列。

第四，不断完善的产业基础设施优势增强。经过持续多年的大规模基础设施建设，目前我国产业基础设施水平处在发展中国家前列，在部分领域甚至超过一些发达国家，这为我国制造业的发展提供了极大便利。以能源基础设施为例，在与制造业关联最紧密的电力基础设施领域，我国在发展中国家处于领先地位；在电网发展最前沿的智能电网建设中，我国处在与发达国家并肩的位置；我国物流方面的硬件基础设施的质量较高，在发展中国家和新兴经济体国家中位居首位，包括海关通关等物流服务在内的物流综合绩效领先所有发展中国家。

第五，空间梯度发展优势潜力巨大。东中西部的发展差异是我国推动区域协调发展的难点所在，但也是延续并维持已有比较优势的潜力所在。"雁阵模式"等区域产业分工理论认为，产业会随着地区要素禀赋的变化而进行跨区域再配置，形成有梯度次序的"雁阵"空间发展模式。具体到我国，东部地区的劳动密集型产业在当地已不具备优势的情形下向中西部地区转移，在生产流程改进升级的基础上可以维持甚至强化原有的比较优势。

第六，产业集群集聚优势需进一步升级。产业集群集聚现象会促进制造业企业知识生产能力和知识转移能力的提高，从而为制造业发展提供良好的知识交流和技术创新环境。具体到我国的情况，技术水平相对较低的行业处于低集聚状态，技术水平较高的制造业行业的集聚程度则更高。但与发达国家相比，我国能对全球产业发展产生重要影响的世界级产业集群还比较少，很多同类企业只是聚集在临近的地理区域，相互间的知识交流、资源共享并不多见，因此，如何提升产业集聚区的知识交流强度和知识生产能力，形成根植于产业集群的竞争优势，是我国制造业未来发展的一个重点。

三、培育制造业竞争新优势的着力点

面对新的发展形势，更好地培育我国制造业新竞争优势，要围绕以下几个重点发力：

一是不断提高投入要素的质量。要在科技投入方面适应我国科技整体水平由"跟跑"向"并跑"和"领跑"的角色转变，创建高效、公平、开放的技术研发、交易、转化环境，重点支持具有全球影响力的前沿技术研发，参与国际技术研发合作与分工。要进一步优化资源和能源消费结构，提高绿色能源比重，提升资源回收水平，发展替代性新材料，加强关键资源的战略储备。要不断提高劳动力素质，优化人才培养、成长和引进环境，无论是学校教育还是职业教育都要根据科技革命的变化进行调整和改革，形成满足新时期发展要求的中高端人才库和产业工人群体。

还要看到，随着信息社会的深入发展，数据信息成为新的投入要素，我国是全球数据资源增长最快的国家之一，数据传输和处理能力全球领先，要尽快补齐现存短板，促进优势数据要素资源在制造业转型升级方面发挥积极作用。

二是依靠新一代信息技术推动智能制造发展。以大数据、云计算、物联网、人工智能为代表的新一代信息技术与制造业深度融合，对破解我国制造业发展瓶颈和形成新的竞争优势可起到积极作用。要重点围绕提升制造业生产效率和效益、缓解人力成本上涨压力、提高生产的柔性化程度、准确预测市场与匹配供需、提升制造业质量控制能力等亟待解决和突破的问题，更好地推动新一代信息技术在制造业领域的应用场景创新。

三是切实推动制造业与服务业融合发展。制造业与服务业之间的边界正在模糊甚至消失，无论是对制造业中传统产业的改造、新兴产业的培育，还是服务业结构的升级，加强两者的融合都是重要的路径，也是发展的趋势。近年来，我国企业不断创新，探索出了几条适合我国国情的制造业与服务业融合发展路径，未来还需要在加强要素层面的深度融合、提升用户价值、降低生产经营成本、提高制造业效率和效益、促进业态创新和发展新兴生产性服务业等方面进一步加强制造业与服务业的融合发展。

四是加快发展具有战略意义的新兴产业和优化新兴产业区域布局。新兴产业具有更优的生产函数、可集聚更高端的人才和更先进的生产技术、满足更具前景的市场需求；新兴产业在发展方式转变和产业转型升级中能起到示范和带动作用，带动传统产业的改造与升级；新兴产业还是创新成果积累的重要载体。"十三五"以来，各地区将信息技术、高端装备制造、新材料、生物、新能源汽车、能源新技术、节能环保等列入重点发展产业，同时也出现了低端重复投资以及新兴的和高端的产业过剩等问题。更好地培育和发展新兴产业，各地既要关注新出现的战略机遇，也要在制订新兴产业发展规划时着眼于适应自身条件和基础，明确重点和方向，避免低水平重复建设，不断优化新兴产业的区域布局。

第四节　我国制造业标准国际化

标准是发达国家推进工业 4.0 和制造业回流、扩大国际贸易控制力乃至攻占全球制造业竞争制高点的必争之地。美国、日本、德国等纷纷把标准竞争作为制造竞争、产业竞争、贸易竞争乃至国家竞争的战略支点，抢夺国际标准主导权、话语权乃至控制权是中国制造高质量和走出去的突破口。与美国、德国、日本等制造强国的标准国际化战略相比，我国制造业标准的差距仍然较大，尚未建立与国际完全接轨的标准体系，现行技术标准体系与中国制造大国地位不相匹配，难以适应"一带一路"背景下制造业加速走出去的战略需要。在全球新冠肺炎疫情蔓延导致世界产业链、供应链加速重构的背景下，应抓住中国疫情率先出清的窗口机遇和"中国制造 2025"战略机遇，从政府、企业、行业协会三个维度嵌入，借鉴美国、德国、日本制造标准的技术路线，加快推进制造标准国际化赶超步伐，深化标准化管理体制机制改革，对接全球制造变迁轨迹和工业 4.0 标准体系，围绕智能制造实施富有前瞻性的技术标准研发计划，全链式推进标准研制、标准实施、标准更新和标准推广，深度介入国际标准制修订，加强与"一带一路"沿线主要贸易伙伴国的标准互认，获取中国制造走出去的"通行证"。

在全球大暴发的新冠肺炎疫情防控过程中，"口罩之战"成为国内外普遍关注和热议的话题，社会公众熟知的 N95 型口罩是美国国家职业安全卫生研究所（NIOSH）认证的非油性颗粒物防护效率不小于 95% 的口罩，换言之，N95 型口罩的技术标准掌握在美国手中。"口罩之战"的背后是"标准之战"，随着全球新冠肺炎疫情蔓延和舆情发酵，美国卫生公众服务部（HHS）签署了防疫替代产品的紧急使用授权（EUA），规定不符合 NIOSH 标准的中国 KN95 标准口罩必须满足欧盟、日本、韩国等七个国家和地区的标准认证后，才能申请紧急授权销售给美国。中国口罩出口引发的这场国际风波背后，揭示了美国对中国制造标准的不认可以及由此引发的对中国制造进口的严格限制，更深层次的原因在于中美制造标准的较大差异以及中国缺乏国际标准话语权，导致中国制造被以美国为主的发达国家征收所谓的"标准税"。其实，中国不仅医用口罩缺失国际标准，不少传统制造行业的国际标准也被发达国家掌控，鞋类制造标准 ISO/TC216 被西班牙掌控，纸制造标准 ISO/TC6 被加拿大掌控，家具制造标准 ISO/TC136 被意大利掌控，水泥制造标准 ISO/TC74 被比利时掌控，木材制造标准 ISO/TC218 被乌克兰掌控，烟草制造标准 ISO/TC126 被德国掌控，中国尽管是国际公认的制造大国，但并没有真正掌控相关领域的国际先进标准，这是中国制造高质量发展难以绕过去的重大现实问题。标准之争是全球制造竞争的制高点，标准制订的水平决定了中国制造质量的高低。纵观全球，标准国际化已成为发达国家推进工业 4.0 和制造业回流、扩大国际贸易乃至掌控世界经济话语权的必争之地，以美国、德国、日本等为典型代表实施的标准国际化战略深刻揭示了以技术标准作为武器确保实现国家核心利益的战略意图，它们把标准竞争作为贸易竞争、产业竞争、经济竞争、国家竞争的突破口，竭尽全力推动本国标准上升为国际标准，抢夺国际标准主导权、话语权乃至控制权。世界经济论坛报告（WEF）指出，中国制造规模居世界之首，但制造标准滞后于制造产业，参与制定和采用国际标准是中国制造走出去必须破解的症结。"中国制造 2025"明确提出"制造业标准化提升计划"，这从政策的角度揭示，实现中国制造高质量发展，亟须实施标准国际化战略。

一、简要文献梳理及评述

标准化的过程紧随技术创新过程呈现出"技术—标准"双螺旋结构或"R&D—专利—标准"三螺旋结构，构成"技术专利化—专利标准化—标准产业化"的路径图，推动整个技术标准化过程的螺旋式上升。根据 David 和 Greenstein 的研究，作为生产程序和具体技术规范的标准是生产者和消费者减少信息不对称和信息不确定的重要依据，也是产品获得外部市场验证和认可的重要"符号"。标准过程的制定者由于较早地进入标准制定过程以及相伴随的信息交流过程中，比"局外人"更有竞争优势，对扩大市场份额无疑具有先发优势，建立以国际标准和国际规则为导向的标准治理体系和运行机制，有助于建立便于国际市场竞争的贸易模式。Chen 和 Mattoo 认为，区域合作中的标准治理有助于实现行业层面不同类型的标准互认，增加区域参与国之间的贸易。对此，国内外一些文献进行了验证。Swann 等根据英国标准学会（BSI）的数据考察了英国的技术标准数量对贸易的影响，研究结果发现，英国的国家标准数量显著地促进了本国的进出口贸易，英国的国际标准数量也促进了本国的出口贸易，但是结果并不十分显著，也就是认为，标准的贸易效应是现实存在的。Blind 对德国标准化学会（DIN）的标准数据进行了分析，探讨了德国的标准数量分别对出口、进口的影响，结果发现德国的标准数量和贸易额之间存在比较显著的正向关系。Moenius 基于扩展的贸易引力模型对标准的贸易效应进行了研究，结果发现标准的确促进了贸易流动，但这种贸易效应具有差异性，也就是对不同的产业标准带来的贸易效应不同。Shepherd 以欧盟范围内的 15 国与其他 200 个国家的纺织服装贸易品种为样本，实证考察了技术标准数量与贸易多样性之间的关系。研究发现，欧盟范围内的标准数量与纺织服装贸易品种的多样性是反向关系，也就是欧盟标准数量每增加 10%，纺织服装进口贸易的品种会减少 6%；采用国际标准的比例每提高 10%，纺织服装进口贸易的品种会增加 0.2%。Reyes 运用新新贸易理论分析了欧盟标准对异质性企业国际贸易的影响，结果发现，贸易双方标准的一致性也就是提高欧盟标准与国际标准的一致性会促进美国向欧盟区域的出口，因此从扩大国际贸易的角度看，应进一步提高区域标准与国际标准的一致性，这对企业进入国际市场是重要的支撑。Mangelsdorf 等进一步研究发现，中国国家标准特别是强制性国家标准对中国的出口贸易具有显著的促进效应，采用国际标准同样也具有显著的贸易促进效应。围绕技术标准对出口影响的"双刃剑"效应，刘淑春基于引力模型和三元边际分解进行了实证检验，研究表明，技术标准化对中国装备制造走出去的数量效应有显著影响，但并非线性关系，而是"倒 U 形"关系，标准国际化不仅会促进中国装备制造的海外扩张和竞争力提升，还会促进上下游装备制造业的出口联动。杨丽娟利用中国 1990—2008 年的时间序列数据进行了定量分析，结果发现，国际标准和国家标准对中国的进出口贸易均具有正向的促进效应，而且国际标准的影响更为显著，它们对贸易总额的影响系数分别为 0.2706 和 0.0629。

从已有文献看，技术标准的经济效应和贸易效应已经得到了检验，但对不同发展水平国家的标准国际化战略与机制的理解和解释还不够透彻。虽然从标准化角度研究对贸易及福利的影响富有意义，但单纯从贸易总量研究标准化的促进作用或抑制作用存在不可忽视的缺陷。国外大多数实证研究基于贸易出口额来界定被解释变量，无法判断标准化对产品出口的影响到底是因为低成本带来的数量扩张还是高技术含量及高质量带来的价格提升。同时，现有研究主要着眼于国家标准或国际标准对发达国家之间双边贸易的实际影响，较少对标准本身进行比较研究。中国制造业产品种类十分庞杂且覆盖范围广，不同行业出口存在完全不同的性质和诸多不可比因素，即便同属制造业范畴的重工业制造品与芯片等技术密集型制造品也存在不小的行业差异，对此本节从标准比较视角及发达国家的标准国际化视角切入，探讨分析中国制造标准国际化的现实路径，这对高质量发展背景下的中国制造走出去具有重要的现实意义。

二、制造业标准在智能化趋势下的信号效应

（一）制造系统的集成性和互联性为技术标准带来"纽扣效应"和"棘轮效应"

随着制造的数字化和智能化，以制造环节智能化为核心，以端到端数据流为基础，以网络互联为支撑，兴起了跨领域、跨单元、跨系统、跨生命周期的前所未有程度的系统集成，其技术标准化过程与传统制造有着本质区别，尤其是通过有线或无线等通信技术实现装备之间、装备与系统之间、企业之间以及系统之间的一致性和互操作、集成和互联互通，需要智能生产单元的协同、海量数据的实时共享，以及生产系统、传感系统、控制系统、检测系统和云系统的实时同步，制造环节之间技术标准相互匹配、环环相扣、深度咬合，通过标准化技术规范和接口协议实现模块集成、信息交互、数据共享、业务协同，存在极其显著的"纽扣效应"。而且，智能制造的标准化需求与智能制造的系统构架之间存在"一一映射"的物理映射关系，关键技术标准特别是识别与传感技术标准、人机交互系统标准、数据采集和控制系统标准、网链技术标准等更新换代的速度很快，动态升级具有"不可逆性"，冲击国际标准"领跑者"推动了"棘轮效应"加速。

（二）制造智能化趋势下技术标准兼容性／不兼容性带来"网链效应"和"锁定效应"

智能制造热潮下的产业网络性特征越来越明显，识别与传感、控制系统等装备技术标准，大规模个性化定制、运维服务等智能服务标准，人工智能、大数据、边缘计算等智能技术标准，网联技术、智能工厂等工业互联网标准，都可以通过通信协议、接口标准、物理兼容、习惯性兼容等工具以及网链技术设置极强的技术"排他性"和产品"不兼容性"。技术标准不兼容性不仅带来高昂的转换成本，还会被屏蔽在市场外围和排除在网络外部。囿于网链效应与直接和间接的外部性，以及智能制造系统、技术与网络的锁定性，兼容性或者接口标准有助于实现市场的外围扩张。处于标准领先地位的国家或"头雁"企业为了维护其市场掌控地位，往往采用非兼容和排他性策略，锁定技术标准的制高点和高端环节，以达到削弱他国制造业竞争力从而获得垄断或控制地位的目的，对标准竞争中地位优势明显的国家及其企业往往形成"赢者通吃"效应。

（三）制造业标准的隐形壁垒带来贸易的"门限效应"和"受控效应"

作为国际产业链分工中的重要"枢纽国"及供应链竞争中的"居重国"，美国等发达国家对中国的打压越来越常态化地实施知识产权保护、技术标准贸易壁垒及强制性技术转让，尤其是作为技术性贸易壁垒的标准，在发达国家过度标准化情况下，经常被作为贸易保护主义的操作工具。特别是智能制造的基础共性标准、关键技术标准、网络设备标准的网络性特征赋予标准掌控者极强的"门限效应"，通过设置技术标准"门限"、跨国"标

差"，迫使中国产品不得不受控进入国外市场甚至被拒之门外。根据联合国贸发会议贸易政策重要数据及趋势报告，技术性贸易壁垒影响 70% 的世界贸易，数量和价格控制措施影响 15% 的世界贸易，检验检疫措施影响 10% 的世界贸易。技术标准的内核技术越先进，标准的强制性程度越高，相应地进入该国市场的门槛就抬得越高，达到相应标准的技术改造和生产成本也就越高。如果难以满足高技术标准国家的标准规范，产品极可能因标准限制原因被排斥在外。

三、我国制造业标准国际化问题

标准化的广度、宽度、深度在很大程度上决定了制造业发展的速度、质量、效益，标准的主导者一定是技术的引领者和市场的控制者。发达国家借助"标准利器"实现本国制造在国际市场上的攻城略地，背后深层次的逻辑在于，标准话语权相当于技术控制权、产业主导权及市场话语权。中国发布实施的《国家标准化体系建设发展规划（2016—2020 年）》以及《标准联通"一带一路"行动计划》，旨在推动标准国际化，但与美国、德国、日本、英国、法国等 ISO 常任理事国的标准国际化战略相比，中国标准实力、国际标准地位与自身的 GDP 严重不匹配，在国际标准竞争格局中仍处于比较滞后的地位，尚未建立与发达国家接轨的先进标准体系，难以有力支持中国制造的地位和智能制造的需求，难以适应"一带一路"背景下中国制造加速走出去的战略需要，也不利于中国参与全球新冠肺炎疫情快速蔓延下的产业链、供应链竞争。

（一）疫情蔓延下逆全球化抬头对今后一个时期标准国际化带来冲击

全球疫情快速蔓延及短期内难以根本性控制，在一定程度上打破了既有的国际产业链分工，逐步演化新的产业链分工体系，特别是以美国为首的部分发达国家推动逆全球化抬头，必将对我国的标准国际化进程形成强力阻滞。根据 WTO 发布的《世界贸易统计评论2019》统计数据，中国占世界货物出口份额达 13.1%，进口份额占全世界的 11%，是全球生产网络的重要节点和基地，也是亚太地区生产网络的核心枢纽，已全面融入全球生产网络和供应网络之中，美国、日本等发达国家不仅实施企业从中国撤离或回迁本土计划，而且高举知识产权、标准、专利、安全等大棒打压中国产业，通过技术标准制高点控制影响关键技术产品和服务的产业链、供应链，对中国产业链、供应链安全和中国制造走出去带来了前所未有的冲击和史无前例的考验，也必将影响技术标准的国际交流合作以及国际标准在中国的扩散与融合。中国嵌入经济全球化网络的程度很深、外向度很高，受中美贸易摩擦和疫情双重叠加影响，美国等对中国高端并购项目严加审查限制，阻碍高科技领域跨国并购，严格限制技术标准和知识产权，设置"隐形台阶"或"旋转门"阻碍中国介入国际标准化的核心领域和关键环节。全球产业链供应链的"断裂"风险还可能进一步加速跨国公司从中国向外转移，从原来的"中国 +1"模式转变为"中国 +n"模式，比如，日本已经开始从"中国 +1"模式转变为"中国 -1"模式，"去中国化"和"去中国制造"的背后是"去中国标准"和"去中国技术"，毫无疑问这将大大延缓甚至阻滞中国标准国际化战略的实施进程。

（二）新兴制造和传统制造的标准国际化面临"双向锁定"

目前，国际标准大多被发达国家锁定，美国、德国、日本、英国、法国等五个发达国家主导制定了全球 95% 的国际标准，中国主导的国际标准仅 495 项，仅占全球国际标准总量的 1.8%。近年来发生的"华为 5G 技术标准之争""大唐电信 TD-SCDMA 标准之争""中美 WAPI 之争""电动汽车快速充电技术标准之争"等重大事件无不反映了国际标准的激烈竞争，越来越多的领军型企业参与国际标准竞争，尝试突破发达国家的标准封锁和技术性贸易壁垒。但总体上看，与美国 ANSI 标准、德国 DIN 标准、日本 JIS 标准相比，中国制造面临着发达国家的"标准合围"和"标准锁定"。一方面，中国没有及时抢占新兴制造领域的国际标准，在云计算（ISO/IEC JTC1 SC38）、增材制造（ISO/TC 261）、纳米技术（ISO/TC 229）等国际标准方面均受制于人，新兴制造金字塔的塔尖被制造业强国掌控，美国、德国、日本等发达国家瞄准工业化和信息化深度融合的智能制造领域，千方百计争抢人工智能、物联网、大数据、云计算、区块链等智能制造领域的标准话语权，而中国在这方面的行动还局限于被动跟跑。另一方面，中国在传统制造领域同样缺乏标准话语权。鞋类制造标准 ISO/TC216、纸制造标准 ISO/TC6、家具制造标准 ISO/TC136、木材制造标准 ISO/TC218、烟草制造标准 ISO/TC126 等均掌握在其他发达国家。比如，美国材料和试验协会（ASTM）发布的玩具强制性标准（ASTMF963）比之前版本 ASTMF963-11 标准有新提升，明确了玩具超载和稳定性要求、纽扣电池/硬币电池的标签要求、锂电池的温度和限流、膨胀玩具的测试技术规范、磁铁的浸泡和抗压测试规范，对中国玩具制造企业出口影响甚大。作为制造大国，中国在标准领域仍属于被动"跟跑者"，如果不尽快从国际标准竞争中解锁，长此以往在国际市场竞争格局中可能会被低端锁定。

（三）国际标准互认和提案介入障碍重重

囿于国情、文化、体制等因素，中国标准与发达国家的兼容性和互通性不高。比如，在国际电力市场领域，世界上广泛采用的行业标准大多由发达国家制定，特别是 IEC（国际标准）、ASME（美国机械工程师协会）、US（美国标准）等标准。中国电力标准体系与国际上通行的电力标准体系差异较大，国内电力新兴技术在申请 IEC 标准时经常被国外专家认为与国际市场需求及国际电力行业技术发展不匹配，导致中国大多数海外项目建设不得不采用西方发达国家标准特别是美国标准，这严重阻碍了中国电力行业的开放发展。在国家大力推行"一带一路"标准走出去战略的背景下，越来越多的本土企业开始参与国际标准制定，但由于对国际标准申请流程以及相关规程制度不够熟悉，导致技术标准提案频频失败。比如，大量中国企业对 IEC 申请流程和 IEC 相关管理办法不熟悉，没有掌握 IEC 国际标准与我国 GB 标准在制定程序方面的差异，当 IEC 秘书处在其他国家的时候，需要首先获得秘书处认可，这是第一道门槛；其次是 IEC 提案的适用性、可行性审查，这是第二道门槛。这两个门槛极大地增加了国际标准化活动的复杂性与难度系数，尤其是没有TC或SC国际秘书处的领域几乎很难介入。更深层次的原因则在于，大量制造领域面临技术瓶颈，核心关键技术受制于人，核心基础零部件、关键基础材料、先进基础工艺、产业技术基础等不少"四基"领域被美欧日发达国家卡脖子，缺乏让国际认可的重大技术创新成果。

（四）市场主导的国际标准制定机制尚不健全

与美国、德国等发达国家市场化主导标准化的机制不同，中国标准国际化驱动力主要由行政力量主导，标准"立项—制定—审查—发布—维护—监管"等过程大多数情况下仍由市场监督管理部门（机构改革前为质量监督管理部门）主导，企业及行业协会参与标准制定的动能不足，标准制定的体制机制比较僵化，市场化驱动、标准化管理、激励约束机制、市场动态跟踪能力等短板比较明显。政府部门"有形之手"不仅主导了公共安全、卫生健康、环境保护、国防安全等强制性标准，而且介入了高端技术、装备制造、新兴产业等市场化程度较高的领域，这不利于市场主导标准制定机制的培育。目前，70%的制造标准为一般性产品和服务标准，企业自主制定的标准需到政府的市场监督管理部门备案，标准制定和实施的"自我声明公开机制"尚未真正落地。标准供给与产业需求脱节，标准制定与应用推广脱节，国际标准制定仍主要依靠科研院所，政府、企业、高校院所、行业协会中介组织进行标准制定或修订的边界不够清晰，不利于标准的市场化和国际化拓展。龙头骨干企业参与标准国际化的意愿不够强，仅40%左右的企业采用国际标准，企业的技术标准参数与国际对标达标不够，国际标准活动参与的力度和深度不够。部分标准涉及的技术面广、产业链长，特别是一些重大标准涉及部门多，相关利益方协调难度大，标准不协调进一步导致标准制定难、执行难，越重要的标准往往越"难产"。

（五）ISO、IEC 等国际标准组织介入深度不够

尽管中国承担的制造业领域的 ISO 和 IEC 的 TC、SC 秘书处数量逐年有所增加，2000年仅 4 个，2018 年增加到 81 个，但总量在全球所有国家中的比重仅占 0.7%，这与中国制造占全球出口比重约 14% 的国际地位严重不匹配。发达国家基本控制了国际标准化组织的话语权，ISO/IEC 主席、副主席、秘书长、TC/SC 秘书处等职位多由美国、德国、日本等发达国家担任。从 6 个常任理事国承担的 ISO 技术委员会主席数量看，美国占 15.9%、德国占 13.3%、日本占 6.7%，相比之下中国差距巨大。同时，美国参与了 80% 的 ISO 技术委员会，承担了 140 多个 ISO 技术委员会和 500 多个工作组召集人工作；德国以积极成员资格参加了 97% 的 ISO/TC 组织；日本一直努力争取 ISO/IEC 委员会主席、召集人和秘书职务，而中国实质性参与的标准国际化活动则比较少，落户中国的国际标准化技术委员会 TC/SC 秘书处中，担任技术委员会主席的只有 65 个，难以在国际标准制定过程中发出有力的"中国声音"。与此同时，ISO 和 IEC 发布的由中国作为主要起草国制修订的国际标准数量呈上升态势，2003 年最少，为 2 件，2000 年为 4 件，2016 年增加到 46 件，但

增加幅度低于 TC、SC 秘书处数量的增幅。ISO、IEC 等国际标准组织 TC、SC 秘书处数量的增加，并不代表制定的标准数量会同比大幅增加，关键是要最大限度地发挥 TC、SC 秘书处的话语权，推进龙头骨干企业、高校院所、行业协会联盟代表国家利益参与标准国际化活动。

四、国际标准门限：基于 LED 标准的案例比较解析

中国是全球 LED 生产大国、出口大国及消费大国，据全国照明电器协会统计数据，2011—2019 年中国 LED 产品出口总额逐年上升，从 20 亿美元增长到近 260 亿美元，占全世界 LED 市场的 20% 以上。但不得不正视的问题是，中国 LED 产品出口到美欧日等发达国家市场在满足中国技术标准的情况下，还必须通过进口国更为严格、苛刻的技术标准门限。LED 标准涉及电磁兼容、光色、寿命、光源、辐射、节能等上百项技术标准，全球范围关于 LED 的技术标准并不统一，美国、欧盟、日本都制定了自身的标准，中国产品出口美欧日市场必须经过他们的技术检测和标准认证。中国 LED 企业如果由于技术标准原因达不到美欧日标准要求，将面临产品禁入、被召回或销毁的不利局面。

（一）美国市场的标准门限

中国 LED 企业进入美国市场仅仅凭借自己的国家标准是完全行不通的，必须申请通过美国标准的认证和检测。一是能效标准门限。美国能源部 DOE 发布了 LED 球泡能源认证规范 V1.4 版，规定了非标准灯和替换灯的能效标准。比如，LED 的电参数反映了其电学特征和性能，我国标准 GB/T 24908—2014 中未对光强参数做出规范，但美国采用的 IEC 62612—2013 对光强分布、最大光强和光束角的符合性做了明确规定。二是安全技术标准门限。LED 产品进入美国市场销售必须接受消费品安全管理委员会（CPSC）的安全标准实施监管，通过美国国家认可测试实验室（NRTL）的安全标准认证。美国对于 LED 产品的安全技术标准要求主要体现在控制模块、光模块、电源模块及相关配件方面。三是电池兼容标准门限。美国联邦通信委员会（FCC）制定了无线电、电信通信、电子电气等设备有关电磁兼容、频率范围等方面的技术标准，这些标准被纳入联邦法规（CFR），成为具有强制性要求和普遍约束力的技术标准规范。这三类标准均属于美国市场准入的强制性标准，中国 LED 产品进入美国市场必须经过这些门限。

（二）欧盟市场的标准门限

中国 LED 产品要想进入欧盟市场，前提是通过欧盟 CE 认证，这个认证背后实际上就是强制性技术标准。如果不执行相关标准认证或"隐形进入"欧盟市场，则可能会遭遇欧盟非食用危险产品快速预警系统（RAPEX）的惩罚。2019 年欧盟公布了 LED 产品通报案例，被通报产品主要违反了 EN60598、EN60335、EN62115、POP 法规等欧盟指令及相关标准，处置措施包括召回、禁入、禁售、销毁等。欧盟 LED 标准主要包括三方面：一是低电压指令及其协调标准。低电压指令为所有进入欧盟的低电压产品确定了安全技术标

准，必须按照相关协调标准进行技术检测和标准认证。2014年9月起，LED能效指数如果不能达到0.2以上就不能进入欧盟市场，这是我国规定标准的2.2倍，导致我国LED产品出口欧盟的难度进一步增大。二是电磁兼容指令及其协调标准。我国LED产品进入欧盟的前提是必须符合欧盟电磁兼容指令，测试标准依据照明设备的EMC（电磁兼容性）标准。三是ROHS AND WEEE指令中的环保标准。如ROHS指令规定投放欧盟市场的电子电气产品不得含有超标的铅（Pb）、六价铬（Cr6+）、多溴二苯醚（PBDE）等有害物质，这对我国LED企业进入欧盟市场设置了标准门限。

（三）日本市场的标准门限

日本颁布的《关于修订电气用品安全法施行令的部分内容的政令》要求未粘贴PSE标志的LED产品不得进入日本市场。一是电磁兼容标准门限。中国LED产品进入日本市场必须强制性满足J55015（PSE认证电磁兼容要求）标准，这一标准适用于频率范围为9kHz～400GHz，用于户外的街道/泛光灯、照明设备的独立配件等设备的无线电干扰，旨在提供无线电的安全性能保障。二是PSE强制性安全认证。PSE认证是日本政府针对电子电气产品实行的市场准入制度，授权厂商认证机构进行产品的符合性评估测试和签发证书，用以证明电子产品已通过日本《电气和原料安全法》或国际IEC的安全标准测试。日本《电器装置和材料控制法》规定，457种产品进入日本市场必须通过安全标准认证，这是中国LED产品进入日本市场的门限。三是LED产品性能标准门限。《发光二极管模块的直流或交流供电电子控制装置性能要求》规定了LED模块用交直流控制装置的性能要求，这与中国LED产品相关性能标准有所差异，开拓日本市场必须推进相关标准衔接。

我国LED制造企业在出口导向路线下实现了走出国门，但不少企业难以生产出符合美欧日等发达国家标准认证的产品，不得不被动遵从发达国家更为严格的技术标准认证限制，在一定程度上影响了中国LED产品出口的广度和深度。这主要体现在以下几方面：一是与国际接轨的先进标准供给不足。长期以来我国企业对标准国际化不够重视，特别是对国际标准制定参与比较少，对美欧日等国家的标准变化跟踪不及时，使LED产业走出去面临标准"卡脖子"。二是缺少具有自主品牌和知识产权的龙头企业，缺乏具有国际标准化视野的技术标准人才，LED辐射安全、能效以及光电、色度等标准滞后于美欧日等发达国家。三是标准认证不严格。部分企业为抢占国际市场，盲目接受标准检测机构"加速老化"等检测服务。据不完全统计，2014年至2019年欧盟非食用危险产品快速预警系统（RAPEX）通报中国LED产品出口多达上百次，大部分是由于绝缘性能不佳、电源线存在短路、节约生产成本选用劣质原材料、采用非隔离电源等，导致出口产品质量不达标。深层的问题在于企业发展注重"规模扩张"和"出口导向"，忽视了技术升级和标准升级，对国际先进标准研究不透彻，应用不规范，没有认识到技术标准带来的贸易壁垒的隐蔽性、歧视性、合法性及善变性，导致中国制造企业在进入国际市场时受制于人甚至被动挨打。

五、全球"制造强国"标准国际化路线与重心

标准竞争已成为超越产品竞争、技术竞争甚至品牌竞争的更高层次的竞争形态，标准国际化不仅是企业作为市场主体进行技术创新成果转化的过程，更是世界各国（地区）根据市场竞争需要以及国家利益考量，企业主体、标准组织、行业联盟、政府介入等多方力量复杂博弈的结果。特别是美国积极推行"标准国际化战略"，德国把标准化战略列为"工业4.0"八大行动计划之首，实施《德国2020高科技战略》等战略，日本先后实施《标准化官民战略》和《国际标准综合战略》，均以空前力量争夺国际标准制高点，用自身经济实力、技术创新、国际关系等影响标准国际化进程，这是全球制造产业链和供应链竞争必须高度关注和研究的重要现象。

（一）精心设计标准国际化路线

美国不是全球最先开始实施标准强国战略的国家，但借助经济实力和科技实力最强以及国际贸易话语权较强的优势，在全球化浪潮中强势推行本国标准。2000年8月正式发布《美国国家标准化战略》（NSS），2015年修订发布《美国标准化战略（2015）》（USSS），战略核心是加强国际标准化活动，争取更多的ISO、IEC、ITU技术委员会席位，使国际标准反映美国技术，实现国际贸易规则的主导权和控制权。德国作为出口型经济大国，为确保并提高自身产品和技术在全球市场上的竞争力，2005年发布本国首部标准化战略，对制造标准进行了战略定位；2009年在《德国标准化政策性理念》中细化标准化目标；2010年德国标准化协会（DIN）颁布实施《标准化战略（更新版）》，致力于帮助企业通过标准化开拓区域乃至全球市场。2016年德国启动"标准化研究2030"，目标是提升国家核心竞争力，把国家标准化战略与国家创新战略、国家竞争战略等协同起来，作为维护德国一流工业大国核心利益的战略工具。日本在制造强国进程中致力于推进本国制造标准国际化，2014年5月提出全面实施《标准化官民战略》，战略基点主要包括构建官民协作机制，全面提升企业参与标准化的积极性与参与水平，通过"开发新市场的标准化制度"为企业标准化提质增效；针对性地与各国开展认证及实验室互认；强化与亚洲各国的标准化合作，积极参与亚洲各国的标准制定和认证体系构建，迅速对接东南亚市场准入要求，提高日本认证体系的国际适用性。

（二）突出新兴技术标准的全球扩张

美国通过产业部门、行业协会、标准制定组织以及国际合作项目提供的联盟和程序，支持新兴技术和重点领域的标准制定工作，特别是对于能源技术、人工智能、纳米技术、网络安全、电子通信等新兴技术领域标准化活动，建立跨部门跨领域跨行业合作机制，以满足美国制造国际竞争的标准化需求。日本积极抢占新兴产业领域的国际标准，在电子通信（WAPI、TD-SDMA）、电气工程、新能源、新材料等战略性新兴产业领域，基于"开发新市场的标准化制度"和"标准化应用支援合作制度"，积极推动本国标准转化为国际

标准；同时大力推进纳米材料、能源环境、信息通信、人工智能等未来技术领域的标准化，新设标准项目并进行效益评估。新兴技术标准的推广方面，德国突出标准化与知识产权的密切配合，积极推动企业技术研发和标准制定的协同，将标准化和知识产权作为互补的战略工具，通过独特的专利卖点获取竞争优势，确保本国产品以最快速度抢占国际市场，通过标准提高制造技术兼容性，加强创新科技领域的资源整合，将自身标准推广至国际标准体系。

（三）加强标准化联盟机制构架

标准联盟本质上是一种准市场式的契约型治理结构，通过成员"谈判力"来优化组织的"租金配置"，运用联盟机制使组织内部的交易成本最小化。美国协调联盟各方推动《世界贸易组织技术性贸易壁垒协议》《关于国际标准制定原则的决策》等国际公认的标准化原则的一致性诠释和应用，扩大标准国际化的范围和领域，把所有涉及标准国际化行为的组织、机构、力量、资源等均纳入标准体系，面向全球输出美国先进技术、先进标准、贸易规则以及标准价值。同时，支持企业及利益相关方最大限度地介入世界各地的标准制定机构，在安全、环保、健康等重点领域开展标准国际化活动，致力于制定反映美国利益的国际标准。除政府力量外，调动跨国企业、行业协会、国际组织等产业界力量，在国际上全方位开展标准化活动，《国家技术转让与促进法》（NTTAA）以及白宫管理和预算办公室发布的行政通函 A-119 鼓励企业、政府部门、行业组织等将自愿性标准制定者作为合作的纽带。日本政府部门与商工会议所、JSA 等合作，研究支持中小企业制定标准草案的方法和途径；同时开设面向中小企业的标准化及认证工作的咨询窗口，为拥有先进技术和创新产品的中小企业提供标准化以及认证支持。德国以市场力量为驱动，推动企业等利益相关方参与德国、欧洲乃至国际层面的标准化活动，为国际标准合作提供清晰的定义与要求，与全球范围内的重要客户签订标准合约。

（四）推动本国制造标准向国际渗透

建立以国际标准和国际规则为导向的标准治理体系和运行机制是美国、德国、日本等制造大国参与国际贸易竞争的普遍趋势。德国按照"一个标准、一次测试、全球通行"的理念，构建全球认可的国际标准体系，鼓励本国企业、标准化机构参与国际标准化活动，使德国标准在欧洲乃至全球范围得到认可和应用。同时，建设具有国际视野、高效行动且能够应对未来挑战的欧洲标准化体系，扩大德国在欧洲标准化方面的利益代表者群体，协调欧洲标准化机构的战略方向，提高欧洲标准化体系在国际标准化格局中的地位。日本特别重视国际标准化组织、国际行业联盟对建立适应标准国际化需求的技术标准体系和争夺国际标准话语权和主导权的重要性，极力争取承担 ISO、IEC、ITU 标准化委员会（TC/SC/WG）主席、召集人和干事职务，积极参与国际标准审议，培养熟悉国际标准制定规则的高层次专业人才和标准化专家。日本持续强化与各国标准化合作，与欧美发达国家广泛开展认证、标准互认，参与各国特别是亚洲地区的标准制定和认证体系建设，利用开发新市场的标准化制度和标准化应用支援合作制度，将信息技术标准、环保标准、基础技术标准等作为主攻领域，立足亚洲市场进攻国际市场。

六、立足中国国情和着眼全球竞争的战略对策

新冠肺炎疫情仍在全球持续蔓延和发酵，世界产业竞争格局正在进行大变革和大调整，中国在全球率先实现了疫情的出清，这为中国制造业在全球产业链、供应链重构过程中赢得了历史性机遇。标准国际化战略是中国制造业在全球产业链、供应链深度洗牌过程中从"跟跑"到"并跑"再迈向"领跑"的切入点和突破口，有利于中国制造业走出去的规模扩张、价格提升和种类拓展。当前，亟须抓紧研究和借鉴美国、德国、日本制造标准的技术路线图，对接全球制造变迁轨迹和工业 4.0 标准体系，全链式推进标准研制、标准实施、标准更新和标准推广，建立与国际接轨的技术标准体系，获取中国制造业走出去的"通行证"，打破"中低端标准＋中低端技术＋中低端市场"锁定，实现从传统的"产品化→标准化→产业群"向"标准化→产品化→产业群"发展路径的切换。从战略对策看，可从三个维度探索：

（一）政府维度的对策

一是推动制造标准国际化上升为国家战略。参与制定国际标准首先需要考虑的不是付出多少，而是权衡如果不争取未来会失去多少。美国、德国、日本的标准化战略导向十分清晰，共同点是致力于推进本国标准国际化，争夺国际标准竞争的制高点。在全球产业链和供应链竞争不断升温的国际宏观背景下，单一推行国际采标战略不仅会使中国制造业失去难得的提升国际影响力的机遇，而且将使中国在技术发展路径上长期受制于发达国家，成为"躯体型"行业而非"头脑型"行业。为进一步提升中国制造企业在全球价值链中的地位，扭转企业在国际市场竞争中的长期被动状态，标准国际化战略迫在眉睫，应当密切跟踪全球特别是美国、德国、日本制造的技术变迁和工业 4.0 标准演化态势，制定实施中国制造标准国际化战略。坚持自主研制标准和采用国际标准"两条腿"走路，争夺制造领域的国际标准话语权。围绕"中国制造 2025"的深入推进，实施"标准国际化行动计划"，加快推动中国制造标准与国际接轨，增强标准国际化对制造转型升级的保障、支撑和引领功能。发挥"标准化＋"对新技术、新模式、新业态的催化效应，重点解决国际国内标准一致性问题，推动中国标准上升为国际标准，以标准走出去推动制造走出去。推广中国台州"智能马桶"标准突围策略，探索设立国际标准创新奖，奖励对推动经济高质量发展产生重大影响的标准国际化项目，激发市场主体进行标准创新的内在动能。欧盟利用在国际标准提案中"一国一票"的制度优势，大力推行欧洲标准体系，成功实现了预期目标，这启示我们应当利用亚太贸易协定、区域全面经济伙伴关系协定等经济贸易协定，深化与瑞士、韩国、澳大利亚等已签订自贸区协定国家的标准合作。

二是围绕智能制造实施富有前瞻性的技术标准研发计划。从国际上来看，德国制造标

准主要瞄准高技术产业、装备制造、电气工程等产业，美国制造标准重点是新能源、信息产业、生物医药等产业，日本制造标准主攻汽车技术、信息技术、电器制造等产业。此外，美国、德国、日本等发达国家均在 5G 通信、物联网、人工智能、氢能汽车、大数据等方面加快布局。我国应抓住疫情蔓延引起的全球产业链布局调整，根据《国家智能制造标准体系建设指南（2018 年版）》，实施富有前瞻性的高端技术标准研发计划，探索形成"科技创新链"与"标准创制链"协同融合的"科技创新与标准研制双轮并进"的模式。加快研制智能制造领域的识别与传感标准、控制系统标准、工业机器人标准、智能工厂标准、网联技术标准等，围绕智能计算、新型智能计算系统、智能网络研究、智能芯片研究等重要领域，将标准化元素融入创新过程中，进一步突破智能制造关键技术标准、基础性标准以及行业应用标准，推动优势标准转化为国际标准，特别是工业互联网作为新一代信息技术与工业深度融合的产物，是制造业数字化的战略支点，应加快推动工业互联网的技术标准化。搭建智能制造标准试验测试平台，建设运行计量、合格评定、检验检测等与国家质量基础设施（NQI）相关学科，推进技术标准的验证测试能力建设，尤其在图像识别、语音交互、工业设计等领域建设公共检测校准实验室，建立检测、校准资源公共服务平台，提升标准试验测试能力（邓悦，2014）。启动智能制造和装备制造标准化升级工程，加强高端装备技术标准研制，提高装备制造产品性能、可靠性、稳定性等技术标准指标，助推中国高铁、核电、通信、桥梁等装备制造走出去。

三是改革现行的标准化管理体制机制。美国、德国标准化实行市场驱动，不直接由政府主导，只有在市场力量和民间组织无法体现公共意志的情况下才由政府发布专用标准，而且严格限定在公共资源、公共安全、公众健康、环境保护、国防安全等公共领域。我国由于政府"有形之手"与市场"无形之手"边界不够清晰，影响了企业、行业协会、标准化机构等制定标准的积极性，市场主体内在动力未能充分释放，既阻碍了标准化工作的有效开展，又影响了标准化功能的有效发挥。政府主导制定的标准，应当侧重于守底线、保安全；市场自主制定的标准，应侧重于强优势、拓市场。应加快推进标准化体制改革，健全标准化管理体制机制，凡是企业主体、社会组织、行业协会能有效供给的标准，政府应当逐步退出，取消政府部门对企业标准的审查性备案。政府与市场参与标准的边界要划清，限定政府制定标准的范围，既维护标准的公共属性，制定和推广强制性标准；也要突出标准的市场属性，推动市场主体自主制定标准。探索设立标准化治理体制改革领导小组，统筹推进标准化重大改革任务，特别是加强对跨行业跨部门跨领域标准制定和实施的重大问题的协调。明确标准化管理部门和行业主管部门的职责，推动建立法规、规章和规范性文件对标准的引用机制，在标准制定、实施和评价中形成社会广泛参与机制。深化标准化运行机制改革，进一步简化标准制修订流程，缩短标准制修订周期。积极培育第三方评估机构，引导社会各方参与标准起草、制定、修订、实施、评估、监督、反馈等全过程。

（二）企业维度的对策

一是建立标准创新体系。标准国际化是企业有效参与国际市场竞争的必然过程，也是企业赢得国际核心竞争力的核心要素之一。应结合中国制造2025战略实施，支持企业技术研发与标准创新同步推进，促使技术创新成果向标准化方向转化，逐步将规模优势、市场优势转化为技术优势和标准优势，加快向产业链和价值链中高端迈进。鼓励国内各类重点实验室、工程实验室、技术试验中心、企业技术中心等科创平台大力开展标准创新体系建设，发挥基础研究计划、重大技术攻关项目对标准创新的带动作用，研制一批领先的、关键性的技术标准，建立知识产权标准化体系。对标国际先进制造标准，强化人工智能、生物医药、工业互联网、新能源、新材料、高端装备等战略性新兴产业的标准创新驱动作用，同时提升传统制造业标准水平，推动传统制造业向价值链高端延伸。加快推进标准成果化和成果产业化，开展科技成果转化技术标准改革试点，鼓励技术创新与标准创新同步推进，建立能与国际先进标准比肩的高水平标准。发挥标准促进科技成果转化的桥梁纽带作用，在重点行业和龙头骨干企业建立技术研发与标准化同步推进机制。探索在人工智能、高端装备、物联网、AR/VR等领域建立标准创新基地，构建开放共享的标准创新生态圈。

二是推进技术标准与技术创新、知识产权的结合。技术标准存在"量变式"阶梯上升趋势，随着市场需求不断升级，原有的技术标准难以适应新的市场变化，标准制定主体逐渐对现行标准进行升级；市场形成一定规模容量后，通过标准化推动规模化，趋向于制定行业标准、国家标准甚至国际标准，技术标准领先的企业成为更高标准的制定者。美国、日本、德国大力支持以标准化为目的的技术研发，把技术创新政策和标准化政策作为国家产业竞争力的"车之两轮"，协同推进标准化和技术创新，利用国际标准将本国产业推向全球。我国应加强标准与技术创新、知识产权的结合，促进标准合理采用新技术，加强标准中知识产权的运用，促进标准制定与技术创新、产业化同步。建立"产业技术—知识产权（专利）—技术标准"联合体，加强共享技术、专利池与标准研制的相互协调，构建以自主知识产权为支撑的标准体系。标准的"制定—实施—修订"过程也是企业对技术的"创新—应用—再创新"过程，技术标准促使技术创新成果向现实生产力转化，使技术创新企业获取最大的经济效益。

三是激发企业主体制定（修订）标准的动力。实施企业国际化对标工程，支持龙头骨干企业瞄准美、日、德等国际领军企业进行对标、采标，建立领军企业主攻国际标准的机制，推动中国产业采用国际先进标准形成支撑产业升级的标准群。瞄准行业"第一"和"唯一"，推动龙头骨干企业、行业"隐形冠军"企业制修订标准，助推领军企业参与标准国际化活动，推动本土优势标准攻占国际标准制高点。广泛推行企业标准自我声明公开制度，支持企业主动公开标准，鼓励标准化组织机构对企业标准进行第三方独立评价。大力推广Haier全球研发中心与标准化机构紧密对接推进"防电墙"标准、华为NGN国际标准、海康威视SAVC安防标准等标准国际化经验，借助海外并购重组导入国际先进标准，推进国际标准引进、消化吸收和再创新。此外，把关键技术标准研制列入科技攻关计划，应用科技报告制度促进科技成果向标准转化，推动先进适用的军用标准转化为民用标准。

（三）行业协会维度的对策

一是全力争取国际标准化组织技术委员会稀缺席位。美国、德国、日本等发达国家在争夺 ISO、IEC、ITU 领导权上不遗余力，竭尽全力争取承担更多的国际标准化组织的秘书处，通过掌控国际标准为本国发展争取最大化利益，而且没有停止或减缓国际标准化行动的脚步。如果不积极参与或过慢地参与国际标准化活动，就只能被动地执行发达国家制定的游戏规则。因此，行业协会组织应探索与国际标准化组织的合作路径，加强与 ISO/IEC（国际标准委员会）、DIN（德国标准化学会）、ANSI（美国标准学会）、NIST（美国标准技术研究院）、JISC（日本工业标准调查会）、CEN（欧洲标准化委员会）、CENELEC（欧洲电工标准化委员会）等标准化组织的合作，深度介入国际标准制修订，承担更多的召集人和秘书等职务，拓宽中国制造标准走出去的通道。研究分析 IETF、WAPI、闪联、IEEE 等具备影响的国际标准化团体（联盟），以及 ASTM、UL、API 等优秀行业协会的运行经验和模式，探索制定标准制修订程序、必要专利处置规则、利益共享规则等制度规则。开展双边和多边标准国际化合作，推动与重点国家签署标准化合作协议，构建与主要国家互通互认的先进制造标准体系，力争在国际标准化组织中占据更重要的地位。

二是建立行业技术标准联盟。《标准化法》明确了团体标准的法律地位，应鼓励行业协会等社会团体协调领军企业、高校院所、中介组织等形成标准联盟，加强国际标准动态跟踪和评估，联合开展重大国际标准和关键标准攻关，推动本土优势标准攻占国际标准制高点。探索建立金砖国家标准化合作新机制，转化适合市场需求的国际标准。"中国标准联通'一带一路'行动计划"是以"标准走出去"推动中国装备制造走出去的"集结号"和"动员令"，应大力推行"高铁出海模式"，通过标准走出去推进国际产能和装备制造合作，在航天航空、船舶制造、电力设施、海洋工程等重点装备制造领域加快标准走出去，推动认证认可的国际互认和采信，增加标准互认的国家数量和标准数量。建立龙头企业、行业协会、政府部门等共同参与国际标准制定的联盟机制，深化与"一带一路"沿线国家的标准互联互通，加强与"一带一路"沿线主要贸易伙伴国的标准互认。

三是为中国企业参与国际标准化活动提供支撑和保障。行业协会应以市场需要为现实基础，深入研究国际标准（IEC、IEEE、CIE）、欧盟标准 EN、德国标准 DIN、英国标准 BS、法国标准 NF、日本标准 JISC 等国际通行标准和专业技术标准以及国际市场反应等情况，及时开展国际标准和发达国家先进标准的采用和转化工作。同时，最大限度地掌握相关行业的技术前沿信息，对收集到的信息进行概括分析，提炼出行业制定标准的根据，指导业内技术标准的制定，以保证所制定的标准具有竞争力和前瞻性。及时向企业提供国际标准、国际标准草案和技术信息资料，组织代表团参加对口的 ISO、IEC、ITU 等国际标准组织机构的秘书处会议，向企业传递所属行业领域国际标准化的前沿趋势和技术创新动态信息，协助企业联络国家标准委或国际标准化组织，协助企业开展国际标准提案工作。

第五节 我国制造业的产能共享

制造业是实体经济的主体，振兴实体经济重在做大做强制造业。随着互联网、大数据、人工智能等新一代信息技术的应用日益深化，赋予企业在全球范围内配置制造设备、研发资源和劳动力资源等的能力，基于网络的协作式分工成为现实，涌现出制造业产能共享等新业态新模式。制造业产能共享在提高生产效率和交易效率的同时，也在推动制造业的发展模式从以物质生产和物质服务为主向以信息生产和信息服务为主加速转变，从而有望大幅提升全要素生产率。

一、制造业产能共享的重要意义

制造业产能共享主要是指以互联网平台为基础，以使用权共享为特征，围绕制造过程各个环节，整合和配置分散的制造资源和制造能力，最大化提升制造业生产效率的新型经济形态。

经过改革开放40年的努力，我国制造业从弱转强，目前已经成为制造业第一大国；但产业大而不强、结构不合理、创新能力弱、资源利用效率低、制造企业尤其是中小企业和互联网融合程度低等问题依然突出。面对新一轮信息技术革命大潮，作为制造业大国的中国既面临巨大发展机遇，也面临严峻挑战。共享经济模式向制造业领域的深入渗透、全面融合以及再次创新，对于重构制造业供需结构、催生经济增长新动能和激发社会创新等都有重要意义。

重构制造业供需结构。一是扩大中高端供给。共享经济具有开放性、个性化、灵活性、合作性等特征，能够推动孤立、分散、低价值、低效率的制造体系向完整、高价值、高效率的制造业体系转型，减少无效和低端供给，扩大有效和中高端供给，提高全要素生产率，构建新型制造体系，推动产业结构升级。二是满足个性化需求。共享经济改变了制造业的运行模式，消费者成为生产制造过程的深度参与者，个性化消费需求可以被精准定位，有助于改善生产与消费之间的不协调问题，增强供给结构对需求变化的适应性和灵活性。三是缓解淡旺季失衡。淡季时订单不足，劳动力、设备等闲置率高；旺季时生产压力大，劳动力供应紧张，生产成本加大，是当前制造企业面临的重要问题。制造业产能共享能够在更大范围内调度未充分利用的制造资源，更好地匹配供需双方，降低旺季生产成本，帮助企业更好地应对淡旺季需求的波动问题。

催生经济增长新动能。一是拓展经济增长新空间。共享经济与制造业的融合发展将进一步提升劳动力、资本、技术、管理等要素的配置效率，增强产业供给的能力和水平，为经济增长持续注入新活力、新动力，拓展产业发展新空间。二是扩大产业投资新领域。制造业产能共享将加速信息技术与制造业的深度融合，工业云、物联网、人工智能等成为支撑制造业发展的关键设施，将成为产业投资的热点，并进一步带动制造业信息基础设施建设及智能化工厂改造。三是降低交易成本。制造体系中研发、设计、制造、运输、服务等各个环节都将在共享平台汇聚，大规模用户的参与加上生态化运营，减少了制造过程中各个环节的制约，以及企业之间、供应链之间、各个环节之间的交流成本，极大地降低了交易成本，提高了产能利用效率。

激发社会创新活力。一是优化创新流程。通过"创造性重组"实现资源的最大利用，重构制造体系中的分工、合作和协同关系，降低创新创业活动中的协作成本，提高生产交易效率。二是降低创新门槛。共享经济改变了原有的商业模式，随着越来越多的大企业开放资源，中小企业可通过以租代买、按时付费等方式，低成本地共享大企业的优质制造资源，创新门槛不断降低，创新组织越来越小型化、分散化和创客化。

二、当前我国制造业产能共享的发展态势

党中央国务院高度重视互联网、大数据、人工智能和实体经济尤其是制造业的深度融合，制造业产能共享面临良好的政策环境。党的十九大报告提出，"加快建设制造强国，加快发展先进制造业，推动互联网、大数据、人工智能和实体经济深度融合，在中高端消费、创新引领、绿色低碳、共享经济、现代供应链、人力资本服务等领域培育新增长点、形成新动能"。《"十三五"规划纲要》提出，鼓励搭建资源开放共享平台，积极发展共享经济。国务院在《关于深化制造业与互联网融合发展的指导意见》中强调，要"推动中小企业制造资源与互联网平台全面对接，实现制造能力的在线发布、协同和交易，积极发展面向制造环节的共享经济，打破企业界限，共享技术、设备和服务，提升中小企业快速响应和柔性高效的供给能力"。

在这种背景下，我国制造业产能共享规模持续扩大并呈现加速发展态势，运营模式创新取得积极进展。国家信息中心分享经济研究中心的报告显示：从市场交易规模看，2016—2018年我国制造业产能共享市场规模分别约为3300亿元、4120亿元和8236亿元，年增速从约25%提高到约98%。2018年产能共享市场交易额占我国共享经济市场总规模的比重从上年的20.1%上升到28%，提高了近8个百分点。制造业成为我国共享经济领域新的亮点。从融资情况看，2018年产能共享领域融资规模为203亿元，约为上年规模的6倍。从运营模式上看，初步形成了众创型、技术服务型、协同型等不同类型、各具特色的产能共享平台。

从发展成效上来看，一是产能共享的基础设施日益完善。截至2018年年底，制造业重点行业骨干企业"双创"平台普及率超75%，已培育形成50余家具有一定影响力的工业互联网平台，部分平台工业设备连接数量超过10万套，涌现一批创新工业APP并实现

商业化应用。二是众创型产能共享成为大型骨干企业创新发展的重要方向。2018年围绕要素汇聚、能力开放、模式创新、区域合作等四个领域，工信部共遴选实施了涉及冶金、食品、钢铁、电子、机械、家电等行业116个制造业"双创"平台试点示范项目，引导和支持冶金、食品、钢铁、电子、机械、家电等行业企业"双创"平台建设，构建产业创新生态。截至2018年年底，中央企业建成各类互联网"双创"平台100多个，为超过200万个中小微企业提供创新创业服务。"双创"平台正成为技术联合攻关和人才培养的高地、资源协同与供需对接的核心载体。三是服务型产能共享日益成为生产性服务新模式。沈阳机床集团推出的i5智能共享机床，加工时产生的数据可广泛用于商业、管理和技术开发，并与互联网共享生产力平台实时连接实现生产力共享，提高加工总效率40%以上，提升我国的基础工业水平。目前两万多台价值49亿元的i5智能共享机床，为我国26个省、161市的2000余家企业客户提供服务，已连接互联网的智能装备10643台，服务机时269万小时。四是协同型产能共享正在开启"无工厂"制造模式。宁波的"生意帮"平台集成了12000家工厂入驻，阿里巴巴旗下的"淘工厂"平台汇聚了约3万家服装加工企业和1000万家企业商铺，全球注册企业用户超过1.2亿个。

三、全面推进制造业产能共享面临的挑战

虽然制造业产能共享已经具有一定规模，但由于传统工业思维限制、企业技术基础较弱、制造业本身产业链复杂等原因，目前我国制造业产能共享的发展还存在很多问题。

对制造业产能共享认识不足。相当一部分企业和部门对于制造业产能共享的认识不足，既未充分理解产能共享的内涵，更未完全意识到产能共享对制造业转型升级的重要意义。从企业层面来说，一方面，大部分制造企业仍然沿用传统的管理理念、组织和运营，与开放、协同、共享的发展要求不适应，导致企业互联网转型进程缓慢；另一方面，部分企业对产能共享理解不到位，往往将互联网平台看成简单的交易平台，未能意识到共享平台对企业资源和流程的整合、优化、配置，全面提升企业生产效率的重要意义，导致企业参与产能共享的内生动力不足。从政府层面来说，部分部门的政策思路仍然沿袭传统工业化思维和管理理念，过于强调层级管理、条块分割等方式，对共享经济新业态与制造业的融合发展仍存在一些认识误区。如认为共享经济的发展会对传统制造业造成冲击和影响，把它们看成此消彼长的关系。产能共享将带来生产要素、产业链、生产组织方式和管理模式等革命性变化，能否准确认识、把握和引领这些变化，成为制造企业以及有关部门要面对的新挑战。

工业互联网发展尚不成熟，难以为制造业产能共享发展提供有力的技术支撑。我国工业互联网的发展水平和现实基础与发达国家还有一些差距，主要表现为：产业支撑能力不足、核心技术和关键平台综合能力不强、标准体系不完善、企业数字化网络化水平较低、缺乏龙头企业引领，以及人才支撑和安全保障能力不足等，制造业产能共享缺乏有力支撑。

原因主要有：一是从认识到实践，政府和企业都是摸着石头过河，不可能一蹴而就；二是工业互联网发展需要相对统一的标准，但目前各行业标准差别较大，部分行业封闭性强，行业融合难度大；三是工业互联网产业链有待完善，如网络设计、信息平台、大数据服务等方面的能力还不足；四是工业互联网商业和应用模式尚不清晰；五是信用体系、数据保护不完善。没有强大的工业互联网作为支撑，就很难实现更大范围、更高效率、更加精准的生产和服务资源配置，制造业产能共享就很难扩展到所有细分行业，以及企业内部所有流程。

企业信息化基础较差。制造业产能共享的发展与生产制造过程的数字化、网络化以及智能化密不可分。当前我国很多制造企业，尤其是中小企业的数字化研发设计工具普及率、关键工序数控化率严重偏低，网络基础设施薄弱，都是阻碍制造业产能共享大规模发展的重要因素。主要原因有：一是企业推进信息化建设受认识不足、资金不足、内在动力不足等因素的制约；二是企业重"硬"轻"软"问题普遍，在"看得见、摸得着"的硬件工具上投入多，软件配套不足；三是企业信息化人才缺乏，员工应用水平较低。没有较高信息化应用水平做支撑，尤其是中小企业信息化薄弱的现状不能得到改善，大中小微制造企业全面参与产能共享的局面就无法实现。

商业模式有待培育和创新。有效的商业模式是行业发展的关键。虽然制造业领域已经出现了部分共享平台，但更多的是在企业内部或单品行业内部，多数以企业自主提供生产服务为主，未形成大范围的供需对接，也未能形成成熟、可持续的商业模式。主要原因是制造业细分行业众多，产业链条长，价值分配复杂，产品质量把控问题突出，线上线下协同要求更高，企业参与的成本高、风险大，其商业模式相比生活服务领域的共享模式更加复杂，需要经历长期的探索和创新过程。

四、几点建议

一是要充分认识和把握制造业产能共享的重要意义和发展趋势。当前我国共享经济蓬勃发展，正在从起步期走向成长期。未来几年共享经济将从消费服务领域渗透到生产制造领域，从面向个人的服务扩展到面向企业的服务，提高企业的交易效率和生产效率。产能共享融合了制造业大国和互联网大国两大优势，通过提升资源利用效率、重构供需结构和产业组织、为中小微企业赋能，可以形成叠加效应、聚合效应和倍增效应，为激发创新活力、培育发展新动能、有效推进供给侧改革提供了强大动力。中央经济工作会议提出要推进"中国制造向中国创造转变，中国速度向中国质量转变，制造大国向制造强国转变"，产能共享为实现上述任务目标提供了抓手、路径和动力。制造业领域蕴含着巨大的机遇，将成为共享经济的主战场。

二是加大政策引导和扶持力度。建议有关部门和地方政府研究制定推进制造业产能共享发展的指导意见或行动计划，鼓励行业主管部门、行业领头企业搭建产能共享平台，在资金、税收、科研奖励、金融信贷、服务创新等方面予以政策倾斜,助力实现"业业有平台"。制造业领域各细分行业差别很大,不同行业对设备、技术、工艺、数据、管理的要求各异,专业的细分行业平台会是未来制造业共享的重要方向。完善资本市场对产能共享的支撑环境,引导和鼓励各类风险投资机构进入产能共享领域。以国家自主创新示范区、高新区、国家高新技术产业化基地等为载体,加强对开展产能共享模式创新的制造企业的政策扶持和引导,为制造业转型升级提供新动能。

三是以工业互联网、人工智能等为抓手,加快完善制造业产能共享的基础设施。制造业产能共享的前提是互联网技术应用和智能化生产。只有当制造环节相关流程以及制造服务可以在网络云端实现控制、管理和信息对接的时候,共享经济才能发展起来。工业互联网、人工智能、工业云等是当前制造业产能共享的主要技术支撑。相对于消费互联网,我国工业互联网发展与国际先进水平有一定差距,针对这一问题,近两年我国围绕发展工业互联网、智能制造等做了大量部署,有望迎来工业互联网建设的新高潮。未来工业互联网在制造业产能共享中的作用将更加明显。为制造企业业务流程的网络化,降低信息和资源获取成本,整合研发、生产、营销、配送等各环节,提供重要支撑,从而打造便捷高效的制造生态圈,更大范围、更高效率、更加精准地优化生产和服务资源配置,促进传统产业转型升级。

四是下大气力推进企业数字化、网络化和智能化水平。许多企业尤其是中小企业经营者对企业数字化、网络化建设的重要性认识不足、投入不足,是产能共享全面发展的突出瓶颈。需要在了解和把握企业数字化转型需求的基础上,通过一些科技项目的实施,有针对性地提高工业软件、自动化技术、网络通信技术等在制造企业应用水平。完善科技成果转化机制,以产学研用带动技术成果转化,致力于引导新一代信息技术应用成果向制造业企业的输出和转化,为全面推进产能共享奠定技术基础和能力基础。

五是加强与产能共享相关的研究和宣传。及时总结推广成功经验与做法,形成示范案例,在全社会营造关心、支持和创新发展共享经济尤其是制造业产能共享的良好氛围。

第六节　人口老龄化对制造业转型升级的影响

制造业转型升级是我国经济高质量发展的核心动力。为分析辽宁省人口老龄化对制造业转型升级的影响,从劳动力禀赋效应、劳动生产率效应、资本积累效应、人力资本积累效应、消费需求效应五个方面分析人口老龄化对制造业转型升级的作用机理。在此基础上,利用辽宁省时间序列数据实证分析人口老龄化对制造业转型升级的影响。结果表明,人口老龄化对辽宁省制造业转型升级具有显著的正向影响,外商直接投资、对外贸易、城镇化水平和研发强度对辽宁省制造业转型升级也发挥了重要作用。可从加强顶层设计、完善社会保障体系、提高劳动力素质等方面入手,进一步促进制造业转型升级。

辽宁省是我国传统的老工业基地，为国家经济建设做出了重要的贡献。但近年来，辽宁省经济发展经历了增速大幅放缓的阵痛，在东北老工业基地全面振兴、全方位振兴的国家战略背景下，辽宁经济如何走出"泥潭"成为亟待解决的难题。工业是辽宁经济的主导产业，而作为工业经济主体的制造业是辽宁省经济发展的重要支柱，制造业的转型升级是辽宁经济实现高质量发展的重要驱动力量。

劳动力既是工业经济中供给侧的基本生产要素，也是需求侧的重要消费力量，在经济和社会发展中的重要性不言而喻。我国于 2000 年前后进入老龄化社会，辽宁省是我国老龄化程度最高的省份之一，2018 年 65 岁以上人口占比达到 15.17%。根据经济学经典理论，劳动力是基本的生产要素之一，劳动力数量直接影响产出水平，老龄化程度的加剧意味着老龄人口占比增加，而适龄劳动人口比重下降则会对经济发展产生不利影响。根据赵昕东和刘成坤的观点，老龄化使得劳动人口占比下降，劳动力成本上升，这会倒逼制造业更多地用机器代替人，从而推动制造业的智能化、自动化程度提高，人口结构变化引起的需求结构变动则会推动消费升级，加速制造业转型升级。因此，老龄化对于制造业转型升级具有一定的推动作用。由此可知，老龄化和制造业转型升级的关系并不确定，本节将以辽宁为例展开讨论。

一、文献综述

学术界有关老龄化和产业结构关系的研究众多，且大多认为老龄化在理论上能够倒逼产业结构升级，在实践中对产业结构的影响并不确定。然而目前有关老龄化对于制造业尤其是我国制造业影响的研究相对较少，且结论并未达成一致。

一种观点认为，人口老龄化不利于制造业转型升级。如 Banister、李钢和秦宇认为，中国的人力资本水平和发达国家相比仍然较低，中国制造业多为劳动密集型，位于全球产业链的低端，而人口老龄化减少了劳动力数量，使得劳动密集型产业的优势丧失，因此不利于制造业转型。都阳认为，劳动力成本的上升会对制造业产生较大冲击，因此不利于制造业发展，而人口老龄化会因劳动力数量的减少导致其成本提升，不利于制造业转型。阳立高等认为，劳动力数量的减少、老年抚养比的上升不利于制造业的合理化和高度化，抑制了制造业转型升级。

另一种观点认为，人口老龄化会倒逼制造业转型升级。如王有鑫和赵雅婧认为，老龄化通过提高资本劳动比率优化了制造业的出口结构。楚永生等认为，人口老龄化导致劳动力数量减少、成本增加，这会倒逼制造业用技术和资本代替劳动，从而推动制造业转型升级。张帆认为，人口老龄化会通过多种途径影响制造业转型升级，但实证检验的综合结果则是老龄化促进了制造业转型升级。

还有观点认为，人口老龄化对制造业转型升级的影响呈现异质性。如张杰和何晔认为，人口老龄化可能会倒逼中国制造业转型升级，也可能会给中国制造业带来诸多持久的负面影响。韩民春等认为，劳动力成本的增加对不同部门的影响存在差异，总体来说对制造业的影响较小。张明志和吴俊涛认为，人口老龄化有利于密集使用年龄增值型技能的行业，不利于密集使用体能及年龄贬值型技能的行业，老龄化对制造业的影响存在行业和区域差异。

虽然学术界针对人口老龄化对制造业转型升级的影响开展了相应研究，但鲜有针对辽宁省的相关文献。从发达国家的发展经验来看，人口老龄化必然伴随经济增长而持续加剧，根据学术界的研究结论，老龄化对于制造业的影响是不确定的。由此可知，日益严峻的老龄化问题给辽宁省制造业的进一步发展带来了巨大挑战，但也给辽宁省制造业的转型升级带来了机遇。基于此，本节通过理论分析人口老龄化对于制造业转型升级的影响机制，实证检验人口老龄化对于辽宁省制造业转型升级的影响，并尝试给出在人口老龄化背景下辽宁省制造业转型升级的政策建议。

二、人口老龄化影响制造业转型的作用机理

（一）劳动力禀赋效应

随着老龄化的加剧，适龄劳动力比重逐渐下降，需要赡养的老年人数量持续增加。赡养老人是一项法律义务，也是中华民族的传统美德，因此子女会花费更多的时间及精力照顾老人。这会进一步减少劳动力的供给，加速"刘易斯拐点"的到来。劳动力数量的减少必然导致劳动力成本的上升，老龄化会使劳动人口中年龄较大、经验丰富的劳动力数量增加，而这势必增加部分制造业企业的成本。受劳动力成本上升的影响，劳动密集型制造业的利润空间会受到压缩，理性企业会选择增加技术和资本投入，用更多的机器代替人的劳动，因此人口老龄化会倒逼制造业转型升级。

（二）劳动生产率效应

随着年龄的增长，人的身体机能会逐渐退化，学习、认知能力有所下降，劳动生产率随之降低，不利于制造业的转型升级。虽然老年人的工作经验更为丰富，但通常老龄人口的创新能力和冒险精神不如年轻人，因此老龄化的加剧不利于制造业研发和推广新技术、新产品，会阻碍制造业转型升级。

（三）资本积累效应

资本积累水平的变动可通过改变资本供给影响制造业转型升级，老龄化加剧会影响储蓄率，并通过资本积累对制造业产生影响。但人口老龄化对储蓄率的影响是两方面的，因此对制造业转型升级的影响存在不确定性。一方面，根据生命周期理论，消费者在工作阶段储蓄率高，而在退休阶段储蓄率低，老龄化的加剧使退休人口大幅增加，社会整体储蓄水平降低，因此不利于资本积累。另一方面，从我国的实际情况来看，预期寿命的延长也有可能增加储蓄。同发达国家相比，我国的社会保障制度并不完善，居民的预防性储蓄水

平较高，物价和房价的持续上涨进一步增加了预防性储蓄，"六个钱包"买房和给子女留下遗产的观念使得预防性储蓄上升。因此，老龄化加剧也可能增加储蓄，提高资本积累。由此可见，人口老龄化对于资本积累的影响是不确定的，对于制造业转型升级的影响也是不确定的。

（四）人力资本积累效应

老龄化的加剧会影响家庭和个人的人力资本投资选择，进而影响社会整体人力资本水平，并对制造业转型升级产生影响。首先，平均寿命的延长和健康水平的提升会延长劳动者的劳动时间，适龄劳动人口数量的减少会提升高素质劳动力的工资溢价能力。因此，人力资本投资回报会随着老龄化的趋势显著提升，理性的劳动者会投入更多的时间和精力用于提升人力资本水平，老龄化有利于提升劳动力的整体素质，对制造业升级转型具有积极的作用。其次，老龄人口的增加意味着劳动者工作年限的提升，根据"干中学"效应，劳动力的技能水平会更高，工作经验会更加丰富，人力资本水平随之提升，有利于制造业转型升级。最后，老龄化的加剧增加了需要抚养的老年人数量，这会对家庭和社会的人力资本投资产生挤出效应，不利于人力资本积累和制造业转型升级。由此可见，人口老龄化对人力资本积累的影响是不确定的，因此对制造业转型升级的影响也是不确定的。

（五）消费需求效应

根据生命周期消费理论，退休阶段的边际消费倾向会高于工作阶段，老龄化的加剧必然导致退休人口比重逐步提升，而社会的边际消费倾向也随之上升，对促进消费具有积极的作用。此外，老龄人口消费需求主要以文化、医疗健康、养老等产业为主，这些产业是我国经济转型的方向，有利于制造业转型升级。

综上所述，人口老龄化对制造业转型升级的影响并不确定。通过劳动力禀赋效应和消费需求效应对制造业转型升级产生积极作用，通过劳动生产率效应对制造业转型升级产生抑制作用，而通过资本积累效应和人力资本积累效应对制造业转型升级的影响并不确定。因此，有必要针对辽宁省的实际情况，实证检验人口老龄化对制造业转型升级的影响。

三、实证分析

（一）模型构建

根据前文老龄化影响制造业转型升级的理论机制分析可知，老龄化可通过多种机制影响到制造业转型升级，其影响结果也并不确定。基于此，选取制造业转型升级作为被解释变量、老龄化作为解释变量，对二者关系进行实证检验。在综合考虑前人研究成果的基础上，同时选择利用外资情况、对外贸易、市场化水平、城镇化水平、研发强度作为控制变量。

（二）变量选取及数据来源

选取辽宁省2000—2017年的数据为样本，其原因有两个：第一，考虑数据的时效性。

根据第五次人口普查数据，2000 年开始我国正式进入老龄化社会，因此采用这个时段的数据能够真实反映人口老龄化的背景。第二，考虑数据的可获取性和权威性。2000 年以后，本节的相关数据均可在权威部门进行查询，数据的公开性和可信度高，并且所有指标均能够保证在时间上的统一性和连续性。各变量的具体选择如下：

（1）被解释变量为辽宁省制造业转型升级情况 MT。虽然制造业转型升级在学术界还没有形成统一的定义，但结合产业结构相关理论及前人研究成果，制造业转型升级可分为制造业结构合理化和制造业结构高级化两个方向。

制造业的转型升级过程亦是制造业内部不同产业之间的协调发展过程。根据产业结构理论，良好协调的产业结构可通过不同产业间的良性互动对彼此的发展起到推动作用。制造业内部产业间的协调发展表现为不同产业形成相互作用、相互依赖、相互支持的关系，是制造业转型升级的新动力、新引擎。常用的合理化指标包括泰尔指数、结构偏离度、生产率指数等。相比之下，泰尔指数已经获得了广泛的认可和应用，因此本节使用该指数测度制造业合理化情况。为使变量符号和方向一致，使用泰尔指数的倒数作为制造业合理化指标。

制造业高级化是指制造业内部由劳动密集型向资本密集型、技术密集型转变的过程。常用的高级化测度方法包括霍夫曼系数法、结构关联矩阵、三类产业产值比例等。本节结合产业结构高级化的定义，即高级化的过程是产业结构由以劳动密集型产业为主的低级结构，转向以知识、技术密集型产业为主的高级结构的过程，并借鉴傅元海等的研究思路，用高端制造业产值占制造业总产值比重作为制造业高级化指标。进一步对高级化指标和合理化指标进行等权重加权平均，得到辽宁省制造业转型升级指标。

（2）解释变量为辽宁省人口老龄化程度。从人口老龄化的实质、老龄化国际定义以及数据的可获得性出发，选择老年人口抚养比描述辽宁省的人口老龄化情况。老年人口抚养比是指 65 岁及以上人口与 15 ～ 64 岁劳动年龄人口之比。

（3）控制变量。利用外资情况 FDI：本节使用外商直接投资与 GDP 之比作为利用外资情况指标。引进外资可缓解制造业发展中的资金约束，还可通过发挥外资的溢出效应提升制造业的综合竞争力，因此将外商直接投资作为控制变量。对外贸易 open：对外贸易对于制造业转型升级的影响包括两个方面，即通过进口高技术含量的中间品提升制造业产品的品质，通过满足高品质的国外订单需求提升制造业的技术水平和生产能力。因此，将对外贸易作为控制变量，使用进出口总额与 GDP 之比表示。市场化水平 market：随着我国经济转型，市场化制度改革对于制造业转型升级的影响不容忽视。良好的外部环境会激发制造业活力，鼓励制造业不断创新，因此将市场化水平作为控制变量，借鉴王小鲁等的方法计算市场化水平。城镇化水平 urban：城镇化的过程既是人口由农村地区向城镇地区集聚的过程，也是产业结构由第一产业向第三产业变迁的过程。城镇地区具有高水平的基础设施，因此会吸引大量人口集聚从而产生更多的需求，有利于制造业的发展。本节将人口城镇化作为城镇化指标。研发强度 RD：制造业的转型升级主要表现为由劳动密集型向资本密集型和技术密集型转变，由传统制造业向高端制造业和先进装备制造业转变，由机械化向高端化、智能化、特色化和绿色化转变，因此离不开科技创新的支撑。科技创新离不开研发投入，因此将研发强度作为控制变量。

老龄化程度、外商直接投资、对外贸易、城镇化水平和研发强度的系数均为正，且均通过了显著性检验，表明这些变量对制造业转型升级产生显著正向影响。但市场化水平的系数没有通过显著性检验，可见其对辽宁省制造业转型升级的影响并不显著。究其原因，主要包括两方面：第一，辽宁省虽然工业发展起步较早，但存在国有企业比重过高、民营企业和第三产业发展不足等问题。长期以来，制造业独大和"服务内置化"带来的制度僵化、产业失衡等问题不断显现，严重制约了辽宁省制造业的转型升级。第二，很长一段时间内，东北地区的营商环境不佳。虽然政府已经意识到了其重要性，大力改善营商环境，但建立信用是个缓慢的过程，地方政府还需在改善营商环境上持续发力。

（4）计量结果分析。根据剔除市场化水平后方程Ⅱ的估计结果可知，解释变量老年人口抚养比的系数显著为正，人口老龄化程度每提升1个百分点，制造业转型升级程度可提升0.128个百分点。由此可见，老龄化程度的提升对辽宁省制造业转型升级产生显著正向影响。虽然理论分析表明老龄化对制造业转型升级的影响是两方面的，既可能促进制造业转型升级，也可能抑制制造业转型升级，但在辽宁省，老龄化对制造业转型升级的正面作用占据了主导地位。因而，制造业企业、科研机构和政府管理部门应该主动把握机遇，发挥老龄化对制造业的积极影响。

从控制变量来看，外商直接投资对辽宁省制造业转型升级产生显著正向影响。外商直接投资水平每提升1个百分点，制造业转型升级程度提升0.061个百分点，由此可见吸引外商直接投资有利于辽宁省制造业的转型升级。外商直接投资对于辽宁省制造业转型升级的影响体现在两个方面：一方面，通过引入外资缓解了辽宁省制造业发展过程中的资金短缺问题，使制造业企业能够更加快速地实现转型升级。另一方面，可通过发挥知识溢出效应推动辽宁省制造业的发展。辽宁省工业基础雄厚，引进的外资通常都是经过挑选的优质外资。制造业企业在与外资竞争及合作的过程中，能够通过学习国外企业的先进技术和管理经验不断提升自身的竞争力，从而有利于实现制造业转型升级。

对外贸易对辽宁省制造业转型升级产生显著正向影响。对外贸易每提升1个百分点，制造业转型升级程度提升0.022个百分点，可见扩大对外贸易有利于辽宁省制造业的转型升级。通过对外贸易，积极参与到世界分工体系中，能够倒逼制造业不断提升自身产品的品质。辽宁省是我国重要的装备制造业基地，在全球产业链中占有重要地位，在参与国际分工合作的过程中，发达国家不断提升的要求倒逼辽宁省制造业不断提升产品的技术含量和品质，从而推动了辽宁省制造业的转型升级。

城镇化对辽宁省制造业转型升级产生显著正向影响。城镇化水平每提升1个百分点，制造业转型升级程度提升0.008个百分点，由此可见其提升有利于辽宁省制造业的转型升级。城镇化水平的提升通常伴随着要素的集聚，劳动力和资本等要素集聚程度的提升会通过发挥正外部性，在技术和资本等领域形成外溢效应，对制造业转型升级形成助力。城镇化水平的不断提升还有利于第三产业及服务业的发展，而服务业的发展可为制造业转型升级提供良好的外部环境，助推制造业转型升级。

研发强度对辽宁省制造业转型升级产生显著正向影响。研发强度每提升 1 个百分点，制造业转型升级程度提升 0.074 个百分点，由此可见其提升有利于辽宁省制造业的转型升级。研发经费的增加能够提升制造业的技术及工艺水平，优化制造业的生产流程，从而有利于制造业的转型升级。此外，研发支出的增加会提高制造业的成本，在人力资本不断增加的背景下，倒逼制造业更多地用机器代替人，逐步从劳动力密集型转向技术密集型，从而实现转型升级。

人口老龄化对制造业转型升级的作用机制主要表现为以下效应：第一，劳动力禀赋效应和消费需求效应使得人口老龄化对制造业转型升级产生积极作用；第二，劳动生产率效应使得人口老龄化对制造业转型升级产生抑制作用；第三，资本积累效应和人力资本积累效应使得人口老龄化既可能促进制造业转型升级，又可能抑制制造业转型升级。在理论分析的基础上，以 2000—2017 年辽宁省相关数据为样本进行了实证检验，结果表明人口老龄化促进了辽宁省制造业的转型升级，外商直接投资、对外贸易、城镇化水平和研发强度也对辽宁省制造业的转型升级发挥了重要作用，但较低的市场化水平难以推动辽宁省制造业转型升级。根据本节结论可采取以下措施：

第一，加强制造业转型升级的顶层设计。辽宁是我国重要的装备制造业基地，在工业机器人及智能制造领域具有领先优势。应主动对接国家战略，坚持以智能制造为主攻方向，大力发展智能装备产业，不断提升工业企业的智能化水平；整合高校、科研院所和龙头企业的优势，加强与国外的合作，在关键技术上尽快取得突破，提高核心部件的智能化制造能力。

第二，完善社会保障体系。完善的社会保障体系能够减轻人们的医疗、养老、教育负担，让人们敢于消费，敢于进行人力资本投资，这对于辽宁省制造业的转型升级以及经济的高质量发展具有重要的意义。应不断扩大社会保障体系的覆盖范围，提高农村地区的保障力度，缩小城乡差距；完善社会救助体系，有效保障困难群众的基本生活；通过智能化、网络化的形式提高社会保障服务管理水平，优化社会保障管理服务。

第三，持续提高劳动力素质。辽宁省人口老龄化的趋势短期内难以逆转，劳动力数量的红利正在逐步消失。但辽宁省高等院校数量众多，每年大学毕业生数量超过 30 万，可通过发挥"人口质量"优势，用"人口质量"红利替代"人口数量"红利，为辽宁省制造业转型升级和经济高质量发展保驾护航。高校和科研机构要根据辽宁省经济发展的需求，加强相关专业建设和人才培养。政府可出台相应政策，鼓励省内外高校毕业生在辽宁省安家就业。制造业需要高技术人才，更需要高技能人才，可通过加强职业教育以及在职职工的再教育，培养更多高技能人才。

第二章　新形势下我国制造业转型升级的理论研究

第一节　我国制造业转型升级的问题

　　制造业是我国国民经济和社会发展的重要基础，我国制造业基础良好，在全球市场中的竞争优势不断凸显，但是新时期加速制造业转型升级已经成为我国国民经济发展的必然要求。当前，我国制造业转型升级还面临着诸多的问题。本节在对这些问题进行分析的基础上，提出相应的对策和建议，以全面推动新时期我国制造业的转型升级，促进我国制造业高质量、高水平发展。

　　制造业是国民经济发展的重要基础，我国经济社会的快速发展离不开制造业的进步和升级。从全球视角来看，我国制造业虽然规模较大，但是整体水平还存在较大的提升空间，因此加快我国制造业的转型升级显得尤为重要。新时期，我国制造业在转型升级过程中还存在诸多的问题，比如，自主创新能力较低、产业结构不合理、企业融资能力有限、品牌效应较低、缺乏专业化人才等，限制了我国制造业的转型升级，不利于制造业的健康持续发展。因此，采取针对性的措施全面加速制造业的转型升级成为新时期促进我国国民经济持续发展的关键所在。

一、新形势下我国制造业转型升级存在的问题

（一）自主创新能力较低

　　长期以来，我国制造业企业在科技研发方面的投入比例一直保持在较低水平，缺乏完善的技术创新机制，技术创新型人才团队也较为缺乏。同时，很多制造业企业还缺乏与产业技术创新企业之间的配合，因此产学研结合并不紧密，形成了产学研各自为战的条块分割，因此难以加速技术创新。尤其是很多中小企业缺乏完善的创新技术环境，使得很多中小型制造业企业仅能以简单的生产加工为主，其自主创新能力显得十分薄弱，所掌握的核心技术较少，在高新技术产品和产业竞争中处于明显的劣势。因此，缺乏必要的科技创新投入，自主创新能力不足已经成为当前我国制造业转型升级过程中面临的最大问题。

（二）产业结构不合理

我国制造业主要是以劳动密集型和资源密集型发展为主，在技术密集型产业方面的发展不足，进而导致制造业的发展十分缓慢。技术密集型产业承担着制造业技术创新的重任，而我国在中低端产业领域的市场竞争异常激烈，而现今技术产业呈现出落后态势，从我国制造业的人均产值来看，我国仅为美国的 12% 左右，该比例一直没有得到快速提升。虽然很多产品都是我国制造业企业生产的，但是大部分都没有掌握核心技术和自主品牌，大部分利润都被处于产业链高端的发达国家赚取了，因此我国制造业的整体利润水平一直处于较低的状态。

（三）企业融资能力有限

制造业在发展过程中需要大量的资金支持，单纯依赖于自有资金难以支撑制造业企业的发展，因此实施融资成为其获取发展资金的主要方式。当前我国融资市场虽然取得了一定的发展，但仍然存在很多问题，如商业银行等金融机构对制造业企业尤其是中小型制造业企业的资金支持力度有限，互联网金融风险隐患较大，民间借贷还不完善等。虽然融资渠道的数量不断增多，但是其所发挥的融资作用却没有得到有效的提升。所以企业融资能力有限，缺乏必要的资金支持成为限制制造业转型升级的重要因素。

（四）品牌效应较低

随着制造业市场竞争的不断加剧，品牌已经成为提升制造业企业市场竞争优势的重要因素。当前我国制造业企业还缺乏品牌意识，自主品牌数量较少、知名度较低，产品缺乏必要的品牌价值，因此在全球制造业市场中的竞争力水平十分有限。我国大部分制造业企业尤其是中小企业在生产加工过程中主要是以冠名的方式进行的，比如，根据国外订单进行生产，在产品生产完毕之后贴上国外品牌的商标。缺乏必要的品牌效应使我国制造业在发展过程中还处于全球制造业产业链的低端环节，虽然当前很多企业对品牌的重视度不断提升，但在促进制造业转型升级方面的作用仍然较小。

（五）缺乏专业化人才

在我国制造业转型升级过程中，离不开专业化人才的推动作用，人才已经成为新时期企业核心竞争力的第一资源。我国制造业企业在专业化人才培养方面的重视度不足，很多企业将主要的精力集中于生产和销售方面，不注重对现有从业人员进行专业化的培训，因此其专业技能和整体素质得不到有效提升。另外，由于制造业企业利润水平较低，很多企业处于低端环节，因此在吸引人才方面的能力不足，外部的先进理念和技术难以流入制造业企业，尤其是一些中小型制造业企业更是缺乏高素质专业化人才，难以发挥制造业转型升级过程中的人才推动作用。

二、新形势下我国制造业转型升级的对策建议

（一）强化企业自主创新能力

在制造业自主创新方面，首先要建立健全以市场为导向的创新机制体系，对制造业的发展进行科学合理的规划，加大科技创新投入，掌握具有核心装备技术、关键工艺等的高新技术。其次要提升企业的自主技术创新能力，加大企业创新投入，引导企业进行自主创新，健全企业主导的重大科技项目研发体系，使制造业企业能够真正成为创新投入、收益和应用的实施主体。另外，制造业企业要根据自身的实际情况，学习和借鉴发达国家制造业先进技术，形成"引入—消化—吸收—再创新"的技术引进和创新体系，通过自主创新来提升我国制造业的整体水平，以此加快实现制造业的转型升级。

（二）优化产业结构

我国制造业要转变发展模式，不能仅追求单一的规模经济而要依靠自主创新加速可持续发展步伐。同时要全面加速支柱产业的技术升级，适度降低低端产业的比重，加快发展中高端制造业，尤其是要淘汰一些高能耗、收益低、竞争力差的传统制造业产业。我国制造业还要积极引进和发展高新技术产业，通过品牌、科技等因素提升其附加值，根据不同地区的发展差异，充分协调好资源密集型产业、技术密集型产业和劳动密集型产业之间的关系，不断推进制造业产业结构的战略性调整和优化，逐步实现我国制造业的转型升级。

（三）强化企业融资能力

提升企业的融资能力，为其发展提供更多的资金支持是促进我国制造业发展和实现转型升级的关键。因此，要进一步强化税负改革举措，实施更进一步的减税降费，加强对制造业的税收支持，必要时应该给予一定的财政补贴，化解其资金难题。另外，要促使商业银行等金融机构加大对中小型制造业企业的贷款力度，降低企业的融资成本和风险，合理引导互联网金融和民间金融的发展，使得我国制造业企业能够顺利获取发展所需要的各项资金，并在此基础上逐渐实现转型升级。

（四）打造优势品牌

品牌作为企业无形资产具有十分重要的作用。在制造业品牌建设过程中，政府要营造良好的品牌创新环境，推进品牌国际化战略，通过组织品牌交流会、品牌展览会等方式，推动制造业逐步拓展国际市场，提升知名度和品牌价值，进而为我国制造业更好地实现"走出去"提供支持。同时要加强标准化机制建设，对产品质量标准、技术标准和服务标准等进行及时的修正和完善，使其能够逐渐实现与国际标准的接轨，提升品牌的议价空间。另外，制造业企业应该从自身发展的实际出发，积极学习和借鉴国际知名品牌的经验，在此基础上实现品牌再创新，打造制造业企业优势品牌，为制造业转型升级提供品牌保障。

（五）实施专业化人才建设

在专业化人才建设方面，制造业必须树立长远人才战略理念，将人才视为第一资源，从内部培育和外部引进两个方面出发进行人才建设。一方面，要在现有的基础上加强对从业人员的专业化培训，尤其是科技研发、品牌培育和市场拓展等方面，使其掌握先进的理念和技术，提升专业能力和综合素质。另一方面，制造业企业要通过完善内部人才管理机制，本着尊重人才的原则，从外部引进一批专业化的人才团队，实现对现有人员的有效补充，并使其担任重要岗位，充分发挥专业化人才对制造业企业发展的推动作用，为其发展提供根本动力和智力支持。

顺应全球经济发展趋势，加快制造业的转型升级已经成为推动我国市场经济发展的根本途径。因此必须充分正视当前我国制造业在转型升级过程中面临的问题，通过采取多种有效的措施加速其转型升级步伐。从本节的研究来看，应该从强化企业自主创新能力、优化产业结构、强化企业融资能力、打造优势品牌、实施专业化人才建设等方面出发，加快实现我国制造业的转型升级，推动国民经济的健康持续发展。

第二节　我国制造业转型升级的机制

数字技术的迅猛发展再一次重构了信息时代的物质基础，并且向各个产业领域广泛而深入地渗透，使全球发展进入了一个以智能化、数据驱动和学习型经济为特征的全新时期。数字经济核心产业具有高技术密集性的特点，数字技术可以通过重新塑造传统产业的创新模式、盈利模式、生产模式、组织模式、服务模式等，为传统产业发展赋予全新的内涵，从而为我国制造业转型升级提供一条全新的路径。数字经济促进制造业转型升级的作用机制主要体现在：数字经济对制造业创新产生了变革式影响；有效增加了制造环节的经济附加值；数字技术应用可以使企业进行柔性生产，实现大规模个性化定制服务；数字技术重构了传统制造业的管理方式等。制造业与数字经济的融合成为制造业转型升级的必然趋势，但在具体运行中仍面临一些问题，因此我国政府应采取措施积极应对，推动我国制造业与数字经济融合发展。

从全球产业结构的变迁历程来看，每一次产业结构的转型和升级都是由技术创新推动的。技术创新不仅可以创造出新的产业形态，还可以通过新技术向传统产业的扩散以及融合来带动传统产业的转型升级，进而对人类生产活动产生深刻的影响。进入 21 世纪以来，数字技术进入了新一轮的加速发展时期，5G 网络、大数据、人工智能、物联网、云计算、区块链等技术重构了信息时代的物质基础，并且向各个产业领域广泛而深入地渗透，使全球发展进入了一个以智能化、数据驱动和学习型经济为特征的全新时期。一方面，以数字技术为核心技术基础的产业成为全球经济发展的主导产业；另一方面，数字技术也使其他产业领域发生了数字化变革。早在20世纪互联网发展初期，美国学者泰普斯科特（Tapscott）首次提出了数字经济（Digital Economy）的概念。关于数字经济的内涵，目前学术界认为数字经济是以数字化的知识和信息作为关键的生产要素，以现代信息网络作为重要载体、以数字技术的有效使用作为效率提升和经济结构优化的重要推动力的一系列经济活动。数字经济对产业发展的影响主要体现在两个方面：第一，数字经济逐渐从虚拟空间向实体空间延展，通过与其他产业融合，使传统产业出现了全新的业态发展形势，促进了产业结构的优化与升级；第二，数字经济也使传统产业创新模式、成本构成、竞争优势以及市场需求特征等都发生了全新的转变，从而在对传统产业发展带来挑战的同时，也带来了全新的发展机遇，数字经济成为继工业经济、信息经济后，人类社会又一显著的、引领经济社会发展的新型经济形态。

加快发展数字经济是全球共识，也是重要的国际议题。20国集团（G20）、经合组织（OECD）、亚太经合组织（APEC）等国际组织持续开展数字经济相关主题的研讨。正是有鉴于数字经济对一国经济发展的重要引领功能，世界上几乎所有主要的发达国家和新兴经济体无一不对本国数字经济的发展高度重视。例如，美国最早将数字经济生产要素视为国家核心资产。1998—2018年美国商务部就数字经济和数字国家（Digital Nation）发布了13份重磅报告，探讨数字经济发展中的前沿问题。近年来，美国面向全球推广数字贸易规制，将来自其他国家的数字贸易壁垒作为其《国家贸易评估报告》的重要议题。除此之外，美国政府还在不断加快数字政府的建设步伐。2017年3月，英国的文化、媒体和体育部（DCMS）发布《英国数字战略》（*UK Digital Strategy*），对打造世界领先的数字经济和全面推进数字化转型做出全面而周密的部署，提出把数字部门的经济贡献从2015年的1180亿英镑提升为2025年的2000亿英镑。日本将数字经济视为国家经济发展的新动能，2012年日本提出《日本复兴战略》，明确将通过数字信息产业振兴日本经济。欧盟提出了《欧洲数字议程》《迈向数字贸易战略报告》《数字经济公平税收》等。截至2017年年底，已有28个主要国家和地区明确制定了本国的数字经济发展战略，而那些未明确制定发展战略的国家也通过制定各种有利于本国数字经济发展的相关政策来促进本国数字化发展。与此同时，中国的数字化发展也已经提上了日程，早在2016年杭州举办的G20峰会上，习近平主席就指出了世界经济的发展需要把握数字经济的历史性机遇。2017年3月，我国政府工作报告中首次提出了"促进数字经济加快成长"的发展目标。2018年1月30日，习近平总书记在中共中央政治局就建设现代化经济体系的集体学习上提出，"大力发展实体经济，加快发展先进制造业，推动互联网、大数据、人工智能同实体经济深度融合"，从而首次提出了要将数字经济与实体经济相融合的发展思路。我国十分重视制造业的转型升级，数字经济则成为一个可以破解制造业产业结构转型升级的有效途径。数字经济核心产业具有高技术密集性的特点，数字技术可以通过重新塑造传统产业的创新模式、盈利模式、生产模式、组织模式、服务模式等，为传统产业发展赋予全新的内涵，从而为我国制造业转型升级提供一条全新的路径。然而，需要指出的是，通过数字经济与制造业融合发展来促进产业结构转型升级是近年来经济发展中的一个全新现象，虽然具有广阔的发展潜力和空间，但目前发展仍不成熟，其原因就在于针对数字经济背景下制造业转型升级的发展规律认识仍不深入，对数字经济如何促进制造业转型升级的内在机制的研究仍有待进一步提高，如果不能将这些基本的理论性问题搞清楚，就无法制定能够有效促进数字经济与制造业深入融合的产业政策。为此，本节将尝试对数字经济促进我国制造业转型升级的机制进行分析，并在此基础上提出我国制造业转型升级的发展路径。

一、数字经济促进制造业转型升级的作用机制

（一）数字经济对制造业创新产生了变革式影响

创新能力不强一直是我国制造业转型升级的最大障碍。然而，随着数字技术的迅猛发展以及不断与生产制造端紧密融合，企业创新模式正在发生深刻变革，这种变革主要体现在四个方面：

第一，数字技术使创新知识来源更加丰富，不再局限于本行业内部。创新的基础是新知识的获取，企业在对多种信息、想法、思路、数据收集后，再将其进一步筛选、组合、利用和再造。而在数字经济背景下，这些知识的来源变得越来越丰富，越来越多的知识和产品出现了跨界融合的趋势，为了提高企业的竞争力，很多企业通过大数据、人工智能和平台赋能等数字化整合方式，更好地接触和吸收不同行业产品的信息和服务，从而为企业跨界创新提供支持。

第二，数字技术可以有效地提升企业在创新过程中使用知识的效率和水平。Nerkar and Paruchuri 提出在企业的创新过程中所利用的知识既可能来源于企业内部，也可以从企业外部获得。因此，企业在创新过程中通过数字技术能够在整个企业中高效地存储和高访问性地访问这些知识，极大地提高了企业在创新过程中获取和使用知识的水平和效率。Lauren and Salter 指出，内部网络、电子邮件系统和电子数据库都有助于在企业创新过程中使创新所需要的知识转移、外部信息和创新参与者之间的高效交流，而这对于一个企业成功创新是至关重要的。

第三，数字经济有助于企业转向开放式创新模式（Open Innovation Model）。开放式创新是当今企业创新的主流模式，开放式创新和封闭式创新的本质区别在于对外部创新资源的利用和整合，开放式创新模式在以自身创新平台为核心的基础上，通过充分利用、整合外部创新资源，实现创新周期的大幅缩短和创新成本的大幅降低。然而，开放式创新模式虽然已提出多年，并有着十分突出的优点，但受各种约束条件的限制，目前只有少数国际知名的创新型企业采取这种方式，其并没有被广泛应用。但随着数字经济的深入发展，以及数字化技术的不断普及，企业转向开放式创新模式成为一种真正的可能。Arvanitis et al. 提出开放式创新的关键之处在于创新企业是否可以有效地与其他公司、大学和研究机构进行合作，而这其中企业的数字互联为这种合作提供了一个沟通和交流的平台。在企业

开放式创新过程中，需要一种与其他企业（从供应商到客户）共享信息和资源的战略。因此，企业的数字互联技术的使用对于促进开放式创新是必不可少的，因为数字互联技术可以连接企业并加快与创新有关的信息共享。创新能力、外部联系和数字互联技术使用这三个关键因素促进了当前企业的创新活动。因此，数字经济对企业开放式创新起到了重要的促进作用。

第四，数字技术改变了企业的创新流程。在数字技术没有应用到创新领域之前，企业的创新流程大都是线性、不可逆的，创新过程按照创意产生、研究开发、实验试制、产品生产，以及最终在市场上实现商业价值，整个流程的周期是很长的，一旦在市场应用中遇到问题就要重新做出较大的修改，很多流程又要重新进行，在时间和成本上的投入都是很高的。但数字技术的应用，使得企业创新流程之间的界线被打破，并且不同环节在时间和空间上都可以实现重叠，从而使整个创新过程的机动性更强，创新效率在大幅提升的同时，创新成本大大降低。例如，云计算技术可以使企业对其创意想法进行迅速的、同步或交错的开发、测试、试制以及修改，使得整个创新过程变得完全是可逆的；而 3D 打印以及虚拟技术的应用，可以对创新实现快速建模及试制，并可以根据客户反馈做出及时修正。

（二）数字经济可以有效地增加制造环节的经济附加值

制造业升级的目标是为了走出价值链锁定的低端陷阱，从而使得产业向"微笑曲线"两端的研发和销售等高附加值环节转移。然而，对于我国来说，这种制造业转型升级思路实际上面临着很多现实问题。我国绝大部分制造业企业缺乏向价值链两端转移的技术能力、资金支持以及发展经验；此外，制造环节的优势在于可以提供大量就业机会，如果我国盲目走向研发环节，反而可能会导致产业空心化，进而造成大量失业等社会问题。因此，当前这种被广泛认同的转型思路并不一定是我国制造业转型升级的最优选择。而数字经济的迅猛发展则为我国制造业的转型升级提供了另外一条可行路径，即在原有制造环节上增加产品经济附加值，而经济附加值的增加本就是产业转型升级最核心的目标。那么，数字经济如何增加制造业生产环节的经济附加值呢？实际上，通过数字技术的应用，可以将制造过程所需资源进行重新配置和优化，而生产要素配置优化的过程实际上就是产业转型升级的过程，构建数字经济的基础技术无疑就可以成为将传统制造业生产要素进行重新配置的新工具。数字技术的全面应用使得传统制造环节的价值创造和分配模式发生了巨大变化，并在采购、生产和物流环节大幅降低生产成本，从而提高制造业经济附加值。其具体作用机制如下：

第一，数字技术的应用可以改进生产过程中的采购管理流程。首先，通过企业内部各部门之间信息的互联互通及数字化管理，使企业内部信息传递效率大幅提升。采购部门因此可以充分掌握物料信息、库存情况，从而优化采购计划。其次，通过数字技术可以在全球范围内选择最适宜的供应商，通过人工智能的数据搜索，对比不同供应商之间在产品性能、产品质量、产品价格等方面的差异，最终通过电子商务实现即时下单。最后，通过数字网络技术还可以加强供应商管理，实时跟踪供应商的供货情况，降低断货风险。同时，供应商也可以通过数字化信息系统了解企业对原料的质量、数量要求，以及发展规划和消耗情况，从而可以更加合理地调整自己的供货计划，降低成本。

第二，数字技术的应用可以优化企业的物流配送效率。首先，通过大数据搜索比对，企业可以根据当地的交通情况、消费者分布情况、地区收入水平、城市规划信息等相关数据，构建配送中心选址模型，利用相关软件，科学地进行选址决策。其次，企业可以通过上下游信息进行综合分析，选择最合理的配送方式，并建立能够快速响应用户个性化需求及订单的配送网络。当遇到困难时，还可以通过开放式的网络平台，寻求外部专业咨询公司的帮助。总之，无论是采购环节、生产环节还是物流环节，数字技术的融入都会为整个制造业的生产环节带来极大的改变。这种改变不仅大幅降低了各个环节的生产成本，提高了产品的市场竞争力，更是有力地促进了产品经济附加值的提升，从而实现了在原有产业链环节上的转型升级。

（三）数字技术的应用可以使企业进行柔性生产

消费者的偏好是千差万别的，但传统工业为了获得规模经济下的低生产成本，只能采取标准化、流水线的生产方式。而在数字经济背景下，以制造业的数字化为基础的智能制造和以产业互联网为依托的精准定制将成为未来工业生产的主流。数字化技术和数字互联将使制造业的产品生产方式发生重大转变，这种转变体现在以下三个方面：

第一，自动化生产将转向智能化生产。数字经济时代，信息的获取和传递更加迅捷，产品的生产和流通更加透明化，市场竞争更加激烈，而生产者和消费者之间距离也被大幅压缩。所有这些变化都要求生产者无论在产品设计、产品生产还是产品销售方面都要更加具有灵活性和弹性，但传统的工业自动化根本无法解决这些问题，而数字经济时代人工智能应用所创造的"智能工厂＋智能决策"则成为产业转型升级的发展方向。

第二，标准化生产将转向个性化生产。工业经济时代，规模经济是制造型企业实现成本控制的最关键因素。而为了具有生产的规模经济，必须要求产品生产统一化和标准化。但数字经济时代，市场和产品被不断地细分，精细化、模块化的分工逐渐成为企业分工的主流方式，协同生产成为生产系统的改革新趋势，全社会的协同分工网络愈加完善，根据客户需求进行个性化、差异化的产品研发成为新的发展方向，刚性生产系统也逐渐转向可重构系统，进而使个性化规模定制成为可能。

第三，集中化生产将转向分布式生产。数字经济时代，对个性化、柔性生产系统的强烈需求，使传统的生产链条被打破进行重新建构。一些生产环节逐步从原有生产链条中被剥离，通过分包或众包的方式由外部企业完成。数字技术的应用使得企业与客户以及其他社会资源的连接更加紧密，这也大大激发了企业的生产积极性，通过模块化生产与社会协同，企业的生产能力和经营边界大大扩展。进而突破了传统制造业只能在特定空间进行规模生产的限制，集中化生产转向了分布式生产。

（四）数字经济重构了传统制造业的管理方式

数字经济不仅推动了制造业在生产、采购、销售等"硬性"领域的转型升级，在企业管理方式等"软性"领域同样使其发生了重大转变。传统制造业管理方式大都以垂直化的金字塔方式为主，而随着数字技术的广泛渗透与融合，传统制造业的管理方式发生了重大转变，这种转变主要体现在以下几个方面：

第一，数字经济的冲击与影响使传统制造业管理理念发生了重大变化。管理理念是企业发展的"大脑"，企业的转型升级首先就是从管理理念开始的。传统制造业的经营理念是以企业为中心的，通过标准化生产、规模经济来降低企业的生产成本，从而实现利润最大化。数字经济时代，传统制造业的经营理念开始逐渐被打破，引导企业发展的不再是成本控制等传统要素，取而代之的是用户需求成为企业组织生产和制定发展战略的核心关注点。由于用户需求是多元化的、碎片化的，并且个人体验也是千差万别的，因此，传统的管理理念是无法考虑用户偏好差异性这一客观事实的，并且在技术上也无法实现。而数字经济时代下，由于通过数字技术的应用能够采取柔性化生产，数字经济时代的制造业管理理念也随之发生了转变，企业生产者在重新对市场、客户、产品、价值链等整个管理流程进行重新审视的基础上，逐渐重构了能够满足数字经济时代发展要求的全新管理理念。这种理念的变化主要体现在两个方面：一是由厂商为中心转向消费者为中心；二是使制造企业由生产型向服务型转变。柔性化生产、个性化销售以及针对客户需求的精准服务，使企业、员工、消费者以及整个产业链的参与者形成了紧密的利益共同体，共同实现了数字经济时代管理理念的转型升级。

第二，数字技术的应用使制造企业的管理信息系统变得更加完善。传统制造业企业内部的管理信息系统是上传下达形式的，经常会出现沟通不畅、反馈延误甚至耽误工期的情况。而在数字技术及相关设备引入后，企业的办公变得灵活和快捷，移动设备的应用使信息沟通、项目审批等流程变得十分方便；"云之家"等应用软件的使用更是使企业能够构建起"移动化"管理体系，工作效率得到明显提升。

第三，数字经济冲击下，制造企业的管理组织向扁平化发展。数字经济时代对企业又提出了新的要求，即要求企业对市场信息做出迅速的反应。只有对市场信息做出及时的反应才能继续保留原有客户并吸收新的客户。然而，传统的制造业管理组织架构是金字塔式的，无论是指令的传达还是意见的反馈都要经过层层传递，效率低下。而数字经济时代的制造业管理组织构架则不断趋向扁平化，管理层级不断降低，员工和管理层的直接沟通渠道越来越多，员工的积极性越来越高，从而很好地刺激了员工的创新积极性，提高了决策效率。

二、数字经济在促进我国制造业转型升级过程中面临的问题

近年来，我国数字经济发展极为迅猛，云计算、大数据、人工智能、区块链等技术被

广泛应用，对制造产业发展也产生了很大的影响。但在数字经济快速发展的同时，也存在不少的问题和挑战，这些问题主要体现在以下几个方面：

第一，缺乏制造业数字化转型的方法论。数字经济冲击的大背景下，我国很多企业都进行了数字化转型。其中，率先进行数字化转型的主要是 To C（面向消费）行业，后来逐渐向 To B（面向商家）类企业发展，并逐渐向上游的制造端、供应端渗透。虽然当前我国制造业发展面临很大的压力，进行数字化转型的需求十分迫切，但当前在我国制造业数字化转型升级方面，既缺乏有效数据，又缺乏相应的组织构架，在企业文化方面对数字化发展潮流也并不适应。在这种情况下，如何进行数字化转型升级需要一个体系化的方法论进行指导，但当前在体系化的方法论指导上我们是缺乏的。

第二，数字经济与制造业实体经济的融合发展还比较薄弱。当前，我国制造业同数字经济的融合发展虽然取得了一些进步，但融合深度和广度明显不足。从宏观角度来看，我国制造业的数据挖掘能力仍然不足，在解决市场信息不对称问题上仍存在较大差距，特别是伴随着数据爆发式的增长，这种不足愈加凸显。另外，数字化技术创新成效还没有达到我国为促进经济高质量发展所提出的要求。从微观角度来看，我国制造企业乃至整个制造行业对其与数字经济深度融合的价值识别以及主动作为的意识还不够，在具体实践中存在数字化、网络化、智能化资源整合力量薄弱等问题。整体上，我国的数字经济发展还未形成自上而下的方向指导，或一个强有力的平台进行资源整合、协同发展。在未来，单靠企业自发的、零散的、低效的数字化转型尝试，很难突破以上所提及的问题。

第三，数字领域人才短缺，特别是关键领域的人才匮乏，导致基础创新能力较弱。在当前数字经济迅猛发展的大背景下，我国科技型企业以及相关研发机构在数字技术人才储备上的不足被凸显出来，特别在一些重点行业和核心科技、产品的研发上，人才不足问题更加突出，这使我国在数字技术资源开发利用上受到很大制约。需要进一步指出的是，对于制造业转型升级的现实需求来说，数字化人才不仅包括 IT 工程师、数据科学家、数据分析师、AI 算法工程师、产品经理等传统意义上的技术精英，更重要的是只有将商业应用及行业的专业人才融合进来，形成跨行业跨平台的复合型人才体系，才可能真正将数字化落地到实体行业中去，解决行业实际问题，贡献实际商业价值。

第四，数字安全面临严峻挑战。虽然数字经济的发展潜力巨大，并为我国制造业的转型升级带来全新的发展机遇，但其面临的安全问题也非传统类型经济所能比拟的。安全问题是与数字技术的信息化程度、智能化程度成正比的，也就是说系统越先进，面临的安全性问题就越大。特别是数字经济与实体产业融合使这种风险更加"泛化"，只要"联网""上云"就会出现风险点暴露，并且面临的威胁也变得更大。特别是在那些涉及水利、电力、交通运输等关系国计民生的行业，一旦遭到攻击，发生安全问题，后果将不堪设想。例如，对智能医疗设备攻击，可能损害病人的生命健康；对智能汽车的攻击，可能发生严重的交通事故。并且，数字经济安全问题更由于其两个固有特点而更加难以防范：一是网络攻击具有远程化、非对称、难溯源的特点；二是数字领域技术进步快，未知性大于已知性，安全防范方法处于滞后、被动的局面。特别是对于我国来说，与西方发达国家相比，数字技术整体上处于相对落后的状态，这种安全挑战更加严峻。

第五，规范数字经济实践的法律规范比较滞后。数字经济是近年来新兴起的一种经济形态，与传统经济类型相比，数据成为数字经济最为重要的生产要素之一。但由于法律规范本身的滞后性，数字经济所引致的新情况、新问题缺乏法律约束，从而可能引起伦理道德问题以及安全问题。例如，大数据、人工智能、物联网、云计算等领域高度依赖对个人数据的读取、采集和应用，这已经在一定程度上导致了"数据洪灾泛滥"的现象，个人隐私数据被无节制、无底线地采集和使用，但目前在法律上并无相应的规定。例如，数据产权归属问题、数据使用规范问题、数据监管问题，以及数据所有者、应用者、监管者之间的责权划定问题等，仍没有十分明确。此外，长期以来，很多互联网企业重发展轻安全、重建设轻防护，忽视对大数据安全的研发投入和技术接入；企业在采集数据中缺乏相关的安全技术和流程标准，数据在被存储、传输、计算、调用过程中缺乏高层级的安全加密系统保护。个人隐私信息易于获取，地下网络犯罪高发，一些不法分子寻机以贩卖数据牟利，或利用个人隐私从事诈骗等犯罪活动。这些问题同样需要进行立法来规范，但目前在这方面的规则制定以及法律约束上，我国还存在着明显的不足。

三、数字经济促进我国制造业转型升级的发展对策

数字经济时代的到来对制造业的影响已经不容置疑，数字经济也已经成为我国经济增长的重要组成部分，制造业与数字经济的融合成为制造业转型升级的必然趋势。在这种背景下，为了更好地实现数字经济对我国制造业转型升级的促进作用，以及解决当前数字经济发展过程中存在的问题，本节提出以下发展对策：

（一）对于制造型企业来说，应着手构建产业数字化平台，以满足数字经济时代用户需求的变化

在具体实践中应主要从三个方面着手：第一，引入最新的数字化技术，如大数据、云计算、人工智能、物联网等新兴信息技术对商业模式和产品服务进行升级，进而使其走向智能化、平台化和品牌化的发展道路。第二，通过对数字技术的应用，推动部分产业活动由线下转到线上，而这种转向的选择一定是以整体效率最大化为目标的，通过线上线下的无缝衔接、部门联动，对市场变化做出最迅速的反应，及时应对市场需求的变化，进而增强企业的竞争能力。第三，企业要从整个产品价值链优化整合的角度来构建数字化平台，在降低企业运营成本的同时，提高运营质量和效率，并通过新的企业生态来创造新的产品体验和社会价值。同时，政府应该针对数字技术的技术创新项目提供资金或者税收方面的激励，引导制造业企业以数字技术为基础共享开放式数字化平台系统。尤其需要鼓励制造业企业在技术创新领域率先实现数字和信息的开放共享，有效避免企业数据重复收集，降低企业的数据库建设的成本。

（二）完善治理体系，构建安全网络，优化数字经济发展环境

与网络安全相关的治理体系和安全管理措施是 OECD 国家数字经济策略中的重要内容。在未来的发展中，我国政府在治理体系的调整上应该更具针对性，要更加明确地建立一种能够适应数字技术与传统制造产业跨界融合发展的治理体系，厘清治理权责，明确数字技术平台与企业双方各自应当承担的责任，以及承担责任的大小。要尽快开展人工智能安全应用法规和伦理道德的研究，界定人工智能应用的法律主体及相应的权利和义务；展开人工智能安全评估技术研究，健全完善测评机制，引导加快研究人工智能产品和应用的安全评估评测技术，提高人工智能产品和应用的安全评估评测能力。

（三）全面培育本土化数字技术人才，加强数字化职业教育

与消费领域数字化转型主要依靠海量互联网用户的"人口红利"相比，生产领域的数字化转型将更加依赖"人才红利"。因此，我国一定要在数字人才培养上加强改革，深化教育，对全国高等院校的学科专业进行动态调整，推行面向未来的数字经济新工科建设。特别是在数字领域的新兴专业、交叉领域更要尽早着手，促进计算机科学、数据分析与其他专业学科间的交叉融合，扩大互联网、物联网、大数据、云计算、人工智能等数字人才培养规模。此外，一定要加强技能培训。制造业的数字化转型升级需要大量不同层次的数字技术人才，特别是对于那些在制造领域已经任职多年的员工来说，更要开展数字技能职业培训。因此，我国要积极创新培训方式，探索职业培训外包模式，并实施国家职业资格目录，做好有关人才资格认证工作。最后，为了提升全民的数字化素养，使得数字技术培训更加普及，就要开发全网络学习培训方案，实现从课程设计、课程开发、教学过程到教学评估全流程网络化，加强教育与培训信息化基础设施和数字教育资源建设，提升教育、培训机构网络运行能力，促进教育、培训数据资源共享。

（四）加强政策引导和政策保障，在激励制造型企业数字化转型升级的同时，尽量降低转型成本和转型风险

具体来说，可以从两个层面入手：一是强化引导类政策，因为企业进行任何一种大的调整都是面临风险的，而大多数企业都是趋向于风险规避的，一旦在转型过程中出现错误，那么就会给企业带来很大的负面影响。因此，在政策引导方面，一定要积极创新政策支持方式，建立数字化转型企业保险基金，采取各种措施努力降低企业"试错容错"风险。二是积极应对结构性失业风险。企业在融入数字技术进行转型升级的同时，也一定会引起企业员工需求的大幅调整，可能会出现企业员工下岗失业等一系列社会问题。因此，政府要引导企业妥善处置退出后的员工安置和补偿工作，建立健全失业保险、社会救助与就业的联动机制，完善"互联网+"灵活就业的工资保险制度。

第三节　互联网推动我国制造业转型升级

互联网革命对新一代信息技术与制造业的深度融合会产生极大而深入的推动作用，并且对我国制造业生产方式、商业模式、价值链和管理方式等产生巨大而深刻的影响，最终促进我国制造业的转型升级。研究发现，在生产方式方面，互联网推动制造业大规模个性化定制，促使制造业数字化、网络化、智能化发展；在商业模式方面，互联网平台创新传统原材料采购方式，形成线上线下市场营销新模式，促进制造业服务化更普遍；在价值链方面，互联网优化制造业价值链结构、提升运行效率以及促进各环节融合发展；在管理方式方面，互联网更新传统制造企业管理理念，完善制造企业信息化管理系统，形成制造企业扁平化管理组织。

2015 年 5 月，国务院发布《中国制造 2025》，明确指出要"深化互联网在制造领域的应用"；7 月，国务院印发《积极推进"互联网 +"行动的指导意见》，提出包含"'互联网 +'协同制造"等重点行动，指出"推动互联网与制造业融合，提升制造业数字化网络化智能化水平，加强产业链协作，发展基于互联网的协同制造新模式"。互联网在制造业中的应用，将对我国制造业生产方式、商业模式、价值链和管理方式等产生巨大而深刻的影响，为我国制造业转型升级和国际竞争力的提升提供动力。

一、互联网改造制造业传统生产方式

制造业生产方式主要包括制造业产品的生产制造方式、技术作用方式和劳动者组合形式等方面的内容。在互联网时代，互联网对制造业生产方式的影响与创新，主要体现在制造业大规模个性化定制的实现、数字化网络化智能化的发展等方面。

（一）互联网促进大规模个性化定制

大规模个性化定制是一种以系统制造、整体优化为思想，集供应商、企业、客户、员工和环境于一体的综合制造方式，将制造企业的相关资源综合利用，发挥最大的效用；以信息技术、先进制造技术标准等为技术支持，实现大批量生产和个性化定制，发挥规模经济的低成本优势，以维持现代制造的高质量和高效率的生产方式。互联网技术和互联网平台为制造业实现大规模个性化定制提供了有利的技术和平台支撑。

1. 互联网改进设计研发方式

制造企业的设计、研发环节属于微笑曲线的高端环节，通过应用互联网信息技术对信息加以整合、协调，如可通过互联网将消费者的特殊需求信息及时反馈给制造企业的研发、设计部门，甚至是让消费者通过互联网直接参与到研发、设计过程中，直接生产出可以满足消费者个性化需求的产品，进而实现大规模的个性化定制。互联网有利于突破智能设计与仿真方面的核心技术，实现高端工业平台和重点领域应用软件的自主研发与创新，形成完善的安全测评体系与工业软件集成标准，为大规模定制提供充足技术支撑。

2. 互联网改造提升生产制造环节

制造环节是传统制造业生产过程的核心环节，同时也是大规模生产制造的基本环节。伴随着市场需求环境的变化以及消费者个性化需求的提升，以生产流水线为主要特征的统一生产制造方式越来越难以满足消费者多元化的需求。借助于日益发展的互联网技术，传统集中式大规模生产方式将逐步发展为小规模、分散型、定制化生产模式，并进而发展为大规模定制化生产方式。在保证规模经济的前提下，通过大规模个性化定制的生产方式能够实现定制化生产，以满足日益提升的消费者个性化需求。借助于互联网，制造企业能够建立所有生产要素协调配置的网络平台和系统，实现对各种生产要素的集中使用和有效配置，在保证规模经济降低成本的要求下，最大限度地满足个性化市场需求。

3. 互联网促进增材制造

增材制造技术是以数字模型为基础，将信息网络技术与先进材料技术以及数字制造技术结合，通过将材料逐层堆积制造出实体物品的新兴制造技术。当前，随着互联网和新一代信息网络技术的应用，增材制造技术与信息技术深度融合，正在向产业化方向深入发展，极大地推动了大规模定制化生产。3D打印是当今最重要也是应用最为广泛的增材制造技术，运用可黏合材料，如粉末状塑料或金属，以数字模型做基础，使用逐层打印的方式快速成型。3D打印根据计算机图形制造出相关零件，通过计算机软件操控全部生产过程，并可以免费使用、修改网上开源的设计方案。从产品的开发设计到终端销售再到客户服务，3D打印能够实时响应用户需求，使得流程在线化、互动化、联网化。只需简单地修改设计方案软件就可生产不同的产品，从而满足客户精细化、个性化的需求。

（二）互联网促进数字化网络化智能化制造

1. 互联网为网络化制造提供有效平台

网络化制造的目的在于实现高质量、高速度、低成本的制造生产，制造企业基于网络构建智能制造系统。借助于互联网、大数据、云计算等新一代信息技术，制造企业与客户之间构建互动关系，形成客户与客户之间的交流平台，升级制造企业之间的合作模式，推进网络化制造的发展。

（1）建立制造企业与客户之间的互动关系。通过工业大数据等互联网平台，可在制造企业与客户之间建立起有效的双向交流机制，进而在以下方面影响制造业生产过程。

第一，制造企业与客户的双向交流机制帮助制造企业实现个性化制造。全球各地客户都可随时尝试购买各个制造企业提供的产品和服务，制造企业可通过互联网及时了解客户的需求，根据不同客户的不同需要提供个性化服务。对于制造企业来说，通过这种制造方式可以及时了解顾客的各种信息，降低制造企业决策风险，为制造企业的经营决策提供依据，保持制造企业与上游供应商和下游分销商之间的良好沟通，极大地提升客户的满意度。

第二，制造企业与客户的双向交流机制有助于提升制造企业的售后服务。一方面，互联网为制造企业提升客户服务系统提供可能，进而提升客户服务；另一方面，互联网为制造企业和消费者搭建起实时沟通的桥梁，可及时了解用户对于产品的反馈，进而努力提高客户的满意程度。此外，制造企业可利用这种系统获取并分析与客户有关的所有交往历史，从历史的角度更全面地认识客户，进而从售后服务中进一步获取提升空间，更好地把握客户的实际需求。

第三，制造企业与客户的双向交流机制可以帮助制造业有效预测未来的消费趋势和市场动态。借助于先进的互联网、大数据等信息技术以及相对完备的客户关系管理系统，制造企业不仅能够准确分析、预测客户的需求，还能准确地把握客户需求的变化和市场发展的趋势，从而做出正确的经营决策，提高客户的忠诚度，维持足量的市场需求。

（2）互联网助推制造企业升级合作模式。借助于工业大数据、工业互联网平台，制造企业不仅可以实现与单个制造企业的点对点链接，而且能通过建立整个制造行业的资源共享平台，实现与平台内部所有制造企业的有效对接，并进一步通过整合平台内所有制造企业的技术、资金等生产要素，提升合作的广度和深度。在互联网平台中，参与制造企业为了能长期从平台中获得利益，因而会维护自身的良好信誉和整个信息平台，从而形成较为稳定的全面合作模式，逐步形成制造企业价值网络，实现行业系统流程的优化和合作制造企业的共同发展。平台内诸多互联网资源在制造企业之间的流动，并不存在先后顺序，且不存在消耗减少，能够持续地供给所有的参与企业连续使用。参与的制造企业越多，合作信息平台越完善，越能准确反映整个行业的实际需求动态，参与合作的制造企业将得到更大效用，体现出合作规模经济的特征。

（3）实现制造企业内部信息互通和网络化协同。互联网和网络信息技术可以实现企业内部与企业之间的信息互联与共享利用。首先，利用制造企业内部的互联网系统，实现制造企业内部信息的相互沟通，并进行全面、系统的信息加工、整合；其次，将制造企业信息系统与客户信息系统连接，获得最新的客户需求信息；再次，根据客户的需求信息，对制造企业的供应链、价值链等进行有针对性的改造与升级，优化制造企业内部管理机制；最后，将综合客户及自身信息的内部管理机制应用于生产、运营中，全面提升制造企业生产、销售等各环节，最终提升制造企业核心竞争力。

（4）众筹等多种融资方式促进制造业创新发展。众筹是现有融资工具的补充，是初创制造企业获取投资的一种新兴方式，是一种网络化融资方式，也属于企业网络化发展的重要方面。通过集合希望获得制造企业某项产品的相关力量，以众筹方式帮助新产品诞生。它通过网络平台将提案者与制造业的赞助者联结起来，众筹不再依赖于数目很少的大型制造企业或机构，而是集众人之力实现大众融资。互联网的出现，使得以极低成本将志同道合的人聚集在一起成为可能，突破了空间限制。

2. 互联网有力支撑数字化制造

从广义上来说，数字化制造是指在产品制造的整个生命周期中，运用数字化技术对其某一或部分环节进行改进，进而实现效率、质量的提升，成本下降和市场反应灵敏的一系列活动的总称。在互联网时代，信息物理系统、制造云平台等是推进数字制造的有效工具和平台。

（1）信息物理系统（CPS）有效促进制造业数字化发展。信息物理系统指集计算、通信与控制于一体，通过人机交互接口实现计算进程与物理进程的有效融合，进而以协作、安全、实时、远程的方式操控物理实体的智能系统。制造企业通过物联网和服务网将生产过程中涉及的机器、存储系统、生产设施等都融入信息物理系统之中，从而构建起数字化物理网络系统，实现制造业与服务业的有效融合。通过对制造企业的生产、销售、物流和服务等各个环节进行智能机器、存储系统等方面的处理，形成有效的端到端集成，进而实现信息交换、动作触发和动作控制等目的，使制造企业的制造、工程、材料、供应链等诸多环节得到有效控制与管理。信息物理系统具有良好的自组织网络，能够根据业务过程的不同方面，实时进行动态配置，对整个制造链条进行连续"微调"，保证制造流程具有高度的灵活性，更有效地保持供需的平衡。

（2）通过互联网构筑云平台推进数字化制造的实现。互联网技术的应用和推广，推进了制造业云平台的建立，从而促进制造业数字化生产方式的实现。建立为大型制造企业研发设计服务的数字化平台，通过该平台为大型制造企业提供全面的信息技术，整合整个大型企业制造与平台的所有资源，结合整个平台积累的客户需求，为单个企业提供集合整个平台经验与技术的相关计算、软件和数据资源，同时提供多种技术支持，如虚拟验证、性能分析、学科优化等，显著提升平台内企业的研发、创新能力。另外，建立服务于中小制造企业的数字化云平台。互联网的开放性特点，使得其在中小企业服务方面具有显著的优势。通过中小制造企业数字化公共服务平台，不仅可以实现相关数据的收集、整合，为中小制造企业的设计、工艺、制造、采购和营销等环节提供有效的资源，同时还能集合整个中小企业的创造能力，为中小制造企业实现协同创新提供良好的平台。

（3）"互联网＋机器人"是实现制造业数字化的重要途径。《中国制造2025》将机器人作为我国智能制造重点发展的领域，在互联网条件下，它将成为推进我国制造业数字化的重要工具。"互联网＋机器人"将成为我国制造业数字化的重要模式。先进的互联网技术，本身可以进一步装备机器人，使得当前机器人更加数字化；互联网平台为我国加强对国际先进机器人技术的跟踪研究提供便利，进而突破相关的关键核心技术、工艺；互联网能够产生新的机器人销售模式，不再以最终用户为中心，而以集成商为中心，降低采购成本，缩短生产环节，提高用户满意度。

3. 互联网开辟智能制造新时代

智能制造是由智能机器和人类体验专家共同组成，借助新一代信息技术模拟人类专家思维，以高度集成和柔性的方式进行判断、构思、推理、分析和决策的人机一体化系统。在互联网时代，传统的生产方式将被智能制造取代，主要通过以下三种途径来实现：

第一，互联网助推智能工厂实现横向及纵向集成。互联网能够帮助制造企业实现向智能工厂的转型，同时帮助制造业对复杂事物进行管理，提升自身生产制造水平，实现横向和纵向两个层面的集成。其中，横向集成指为实现资源的有效利用，通过 IT 系统将单个制造企业包括生产、营销、物流等在内的制造环节连接起来；纵向集成则是通过提供端到端的方案，将各个不同层面的 IT 系统集合在一起。

第二，互联网为智能产品实现全程控制提供保障。《中国制造 2025》明确指出要"培育智能监测、远程诊断管理、全产业链追溯等工业互联网新应用"。基于智能产品独特的可识别性，它可以在任何时候被分辨出来，进而在智能产品的生产过程中，对整个制造过程进行全面记录，所以智能产品具有半自主控制能力，能够对其各个阶段进行半自主控制。智能产品自身能够调整其制造过程，同时确认自身的耗损程度，保证在各个阶段都能够处于最优状态。

第三，借助智能制造互联网平台有助于提升制造过程的安全性。构建在互联网平台上的物理信息系统，涵盖了制造系统的全部要素，如人力资源、自动化机器等，并对产品安全性提出了多项应对措施，如集成的安保战略、架构和标准，产品、工艺和机器身份识别的独特性和安全性。同时，互联网能够提供制造全程的安全解决方案，确定制造管理方面的安保，确保产品在各个制造环节的质量水平，从而保证产品整个制造过程的安全性。

二、互联网变革制造业传统商业模式

企业的商业模式是指企业以何种方式或系统通过为消费者提供产品或服务，进而获得相应的利润。通过该系统形成对企业各种资源或要素的组织和配置。在互联网浪潮的冲击下，制造业传统商业模式越来越难以适应快速变动的市场需求，商业模式创新势在必行，而互联网恰恰为其提供了有力的技术支持。

（一）互联网平台创新传统原材料采购方式

在原材料采购过程中，通过互联网建立起包括交易双方、服务部门、支付机构在内的信用平台，保证采购过程中涉及的保险机构、金融机构、供应商和客户的高度整合与兼容，将各参与主体的经济利益紧密地结合起来，便于原材料交易信息的流动和传播，加快多元化制造资源的有效协同。互联网为制造企业实现内部原材料系统管理提供了技术保障，利用互联网，制造企业可以建立内部材料采购成本管理系统以及相关数据管理中心，将相关部门的信息整合到同一系统平台内，便利企业采购流程，提高采购效率。网上采购有利于降低原材料的采购成本。互联网为具有相同需求的制造企业以及拥有类似原材料的供应商提供网络交易平台，完善原材料的市场竞争，达到降低原材料成本的目的。

（二）互联网形成线上线下市场营销新模式

产品销售始终是制造企业最关注的运营环节。在互联网经济时代，制造企业通过形成线上线下相结合的营销模式，大大提升了自身的营销效率。

第一，互联网将打造制造业数字化、网络化、智能化营销新模式。目前，我国制造企业正在积极尝试利用互联网技术，通过互联网、大数据等先进技术，快速、有效地把握用户的实际需求，进而针对客户偏好的用户体验流程改善营销手段和方式，重新打造企业销售环节，更好地满足用户体验，确保制造产品和服务的内在价值被充分发掘，利用互联网技术开展无所不在的营销，迅速占领国内外产品和服务市场。

第二，互联网有助于制造企业构建线上线下协同的营销模式。借助互联网平台，消费者在购物时，可通过淘宝网等线上方式获得所需商品或服务。这种营销模式还不足以完全满足消费者的实际需求，目前正在形成的线上线下协同营销、相互支持的新营销模式，得到了消费者的青睐。消费者通过网络了解产品及服务，之后通过线上方式预约设计师，设计师根据客户描述直接确定，或上门量尺寸。线下设计师根据具体要求设计合理方案，线下门店开展与客户面对面的讨论，进一步修正之前的方案，签订相关合同。公司将设计方案传递至工厂或其他生产者进行生产，并由就近实体门店配送安装，完成整个销售过程。

（三）互联网促进制造业服务化更普遍

《中国制造 2025》明确指出要"加快制造与服务的协同发展""推动发展服务型制造"，"互联网 +"行动计划将传统制造业与新兴产业的融合发展提升到战略高度，为互联网与制造业的融合、制造业服务化的提速提供了重要的机遇和条件。

第一，制造企业可以为客户提供产品之外的其他多项附加服务。互联网连接了企业和用户，为客户提供了从研发设计、生产销售到售后服务等多个环节的多元化服务，进而大大提高了产品附加值。目前，面对日趋激烈的市场竞争环境，我国诸多制造企业拉近与用户距离的方式就是利用互联网平台，基于此提供的多项增值服务，形成与传统制造企业的差异化竞争优势。

第二，互联网平台使得产品交易渠道更加便捷化。在信息技术的推动下，新型制造方式不断涌现，如智能制造、创新设计等；新业态不断出现，如众包、电商、网购、网银等，它们有效地提升了交易的便捷性。互联网信息技术有助于提高制造企业的服务化能力，制造企业通过利用多元化的金融服务、精准化的供应链管理和便捷化的电子商务，不断提高交易效率和便捷程度。

第三，借助于互联网实现产品与服务的有效整合。随着制造业产品的不断完善，客户对产品的需求也从单一的产品向多元的产品及服务方向转变，制造企业能否赢得市场，关键要看其能否为客户提供有效的产品和全面的解决方案。制造企业利用"互联网 +"提供的模式和功能创新，通过从研发、设计、制造到维修的一体化整合，实现扩展业务、转型升级的目的，从而能够保证为客户提供有效、全面的产品和服务。

三、互联网促进全球制造业价值链融合与重构

（一）互联网优化制造业价值链结构

互联网将优化制造业价值链的现实结构。信息化平台为制造企业强化价值链上那些能

够带来价值增值的环节，削减不必要的中间环节提供可能性，从而实现对价值链各部分整合优化，进而使制造企业能够低成本、大规模扩张。另外，借助互联网可完善制造企业的价值链发展战略。通过互联网，制造企业价值链各环节之间可实现信息共享，进而改进和强化制造企业的信息流、资金流和物资流的集成管理，制造企业根据外部环境的变化，及时调整竞争战略和运营模式。伴随着制造企业信息化的进一步深入，企业间价值链将逐渐重组，并衍生出具有高度专业化及网络化的包括虚拟制造、合作制造等形式在内的新兴业态。

（二）互联网提升制造业价值链运行效率

互联网可以通过线上交易和系统集成提升制造业价值链的运行效率。一方面，互联网促进制造企业资源计划软件和制造控制系统软件的广泛应用，客户与供应商实现数据共享，大大降低客户定制产品的生产成本，同时也有助于降低劳动成本、缩减生产时间。另一方面，互联网信息以及数据共享的即时性，使得包括订货过程在内的整个支持办公的数据管理过程变得更加迅速、准确，减少了文件处理所需的人力投入，降低了交易成本、营业费用，实现提高制造业价值链运行效率的目的。

（三）互联网促进制造业价值链各环节的融合式发展

目前，中国的制造业大多处于国际价值链的低端位置，主要从事处于"微笑曲线"中间环节的加工制造活动。互联网浪潮下，借助互联网技术，自上而下地全面控制生产的模式将被网络协同模式取代，制造企业将制造生产外包给专门从事生产的制造企业，同时投入设计与研发、销售与品牌等"微笑曲线"的两端环节，进而协同推进价值链各环节，保证制造业顺利实现价值链的融合与升级。互联网平台使制造企业、客户及相关利益方纷纷参与到价值创造、价值传递及价值实现等生产制造各环节中来，研发与设计、生产与制造、营销与品牌的相互边界越来越模糊，价值链出现融合发展的趋势。

（四）互联网为向国际价值链高端跃升提供强大动力

第一，构建以制造企业为主导的全球采购网络和经贸平台，实现制造业的国际合作。积极鼓励制造企业依靠先进的互联网技术构建大型全球经贸平台，实现采购、生产、销售等环节的全球化发展，进一步加深与欧美国家零售商的合作关系，成为世界制造企业的中介，主动将不具有比较优势的加工环节，转移到低收入国家的第三方生产商，构建"制造三角"。第二，互联网为制造企业对外直接投资和海外并购提供帮助。通过公共信息服务平台及时发布海外需求等有关信息，直接利用和整合国外优秀的人才、科技和资源，支持制造企业对外投资，并绕开贸易壁垒进入国际消费市场，从而开展有效的国际产能合作。在"一带一路"倡议下，借助互联网加快我国制造企业的对外直接投资和海外并购，前景十分可观。第三，可借助互联网平台和大数据技术等，支持我国制造企业通过海外并购获取境外先进技术、研发能力、国际品牌和销售渠道，提高我国在国际分工中的地位。

四、互联网改变制造业管理方式

互联网对制造业的影响不仅在于其生产方式、销售模式等硬性方面，对制造企业管理水平等软性方面同样具有重要影响。先前垂直化、中心化的金字塔式管理方式，在互联网的冲击下已经逐步退化，新型的制造企业管理方式将有效引导制造企业的进一步发展。

（一）互联网更新传统制造企业管理理念

制造企业传统经营管理理念往往以厂商为中心，追求标准化、大规模生产，以此降低生产成本，获得竞争优势。在互联网时代，这一传统理念逐渐被打破，用户需求成为制造企业生产和发展的导向。由于用户需求呈现出明显的碎片化、个性化、体验化的特点，这也要求制造企业要打破传统的管理理念，对市场、客户、产品、价值链，乃至整个管理模式进行重新审视和思考，进行管理理念的创新。拥有新管理理念的制造企业领导者，能够以融合开放、协同、共赢的思想，帮助制造企业由生产型向服务型转变，由传统的以厂商为中心的管理方式向以消费者为中心的管理方式转变，实行个性化销售、柔性化生产和精准化服务，使制造企业与员工、产业链上游和下游、合作者及竞争者等各个参与主体，形成有共同利益的有机整体，实现管理理念转型。

（二）互联网完善制造企业信息化管理系统

1. 互联网完善制造企业内部信息化管理系统

通过互联网技术，制造企业可以建立内部信息化管理机制，提高管理的信息化水平，从而推动制造企业经营管理的变革与升级。基于制造企业内部的互联网平台建立起来的内部信息管理系统，使得信息共享更加便捷、高效，在确保信息及时且全面被送达的同时，提高了管理效率和协调程度。通过构建面向各个细分行业的网络化协同公共服务平台，提供各具特色的"云制造"服务，促进各类创新资源、生产能力、市场需求的集聚、整合与协同运用，提升中小微制造企业的内部管理能力，提高整个产业链的资源整合和运用能力。

2. 互联网促进制造企业移动化管理体系的建立

传统的上传下达的管理方式不够高效，往往导致意见反馈滞后、工期延误等问题。在互联网技术及设备的支持下，部分制造企业更新了移动办公设备，利用互联网开展审批业务，使得管理简单高效。"云之家"等应用软件已在部分制造企业得到应用，移动化管理体系正在逐步被建立起来，从传统的制造企业一体化管理转型升级到互联网下的制造企业一体化管理，工作效率得到显著提升。

（三）互联网形成制造企业扁平化管理组织

传统的金字塔式的组织架构沟通效率低下，信息和指令需要经过层层传递才能到达一线员工，然后加以执行，而反馈也需经过层层传递才能到达上级。互联网时代对制造企业提出了新的要求——及时对市场需求做出反应，这样才能赢得客户，而金字塔式的组织架构构成了阻碍。据此，制造企业应借助互联网平台，对组织架构进行创新，尽量减少管理层次，朝扁平化方向发展。建立员工和管理层的直接沟通渠道，提高员工工作积极性，刺激员工创新，消除层级，加快决策速度。

第四节　中美贸易规则与我国制造业转型

在世界经济全球化、中美贸易逆差日益扩大的趋势下，中美贸易摩擦也在不断升级。这不仅给中国经济的稳步发展带来了极大的挑战，更对国际制造业贸易规则造成了一定的影响。本节从中美贸易摩擦的因素探究、贸易战具体措施、中国制造业现状、贸易摩擦给中国带来的机遇与挑战和中国的应对策略这五个方面加以阐述和分析，以帮助读者厘清本次中美贸易争端的实质，把握贸易摩擦背景下正确的应对策略，明确制造业的未来发展动向，以积极的姿态应对国际制造业的规则变化。

制造业是国民经济的支柱产业，是工业化和现代化的主导力量，是衡量一个国家或地区综合经济实力和国际竞争力的重要标志。近年来，美国在"重振制造业"的背景下，对中国掀起了一轮又一轮的贸易争端。而中美贸易战的背后，不仅是两国制造业发展的较量，更是国际制造业贸易规则的变化。随着经济全球化趋势日益显著，产业价值链条范围不断拓宽、国际制造业生产要素优化重组，都使中国制造业的转型升级面临着挑战。以创新驱动牵引中国制造业优质发展，以"中国智造"代替"中国制造"，实现中国制造业由"大"到"强"的转变，这才是中国制造业解决贸易争端的正确途径。

一、制造业发展视角下中美贸易战因素探究

自美国总统特朗普上台以来，"贸易保护、美国制造"的口号就不绝于耳，"美国为先"的政策更让民粹主义展露无遗。美国的贸易保护传统和政治家的策略考量固然是引发贸易战的重要因素，但两国之间制造业领域的较量才是中美贸易摩擦大规模爆发的导火索。

（一）美国制造业的衰落

"中美贸易战"是美国进行经济战略调整的重要措施。20世纪80年代起，随着世界第四轮产业转移开始，国际制造业的重心逐渐向中国等新兴经济体偏移。以美国为代表的发达国家将一些高投入、高能耗、高污染等低端技术产业外包给中国等发展中国家，而自身则将发展重心转移到服务产业，在生物科技、集成电路、金融等高收益的先进领域不断钻研。

虽然一直以来的"去工业化"给美国带来了高额附加值、科学技术的进步、城市环境污染问题的缓解等有利因素，但同时也造成了贫富差距扩大、下等阶层失业等严重的社会问题。从制造业就业人数的角度来看，自2000年起，美国制造业就业人数总体呈下降趋

势。2001—2009 年，美国本土有 42400 家制造业工厂倒闭，这加剧了美国的社会就业问题。截至 2018 年 7 月，美国制造业就业人数仅为 1280 万，与 1979 年 6 月美国制造业就业人数峰值 1960 万相比，就业人数减少了 680 万。统计数据显示，当前美国制造业增加值占 GDP 的比重已经从 1980 年的 20.06% 下降至 2019 年第二季度的 11%，为 72 年来最低水平。同时，美国制造业增加值占全球的比重也从 2000 年的 26.03% 降至 2018 年的 15.55%。

美国制造业空心化趋势的不断加剧，美国国民经济由虚向实的发展需要，使得特朗普不得不将"制造业回归计划"提上日程。

（二）中国制造业崛起给美国带来危机感

从全球化的角度出发，中国在世界中的经济、政治地位日益提高，原先弱小落后的中国已然一跃成为世界第二大经济体。自中国加入世界贸易组织（WTO）以后，通过实行"出口导向型"经济增长战略，中美之间贸易顺差逐年震荡上升。

很多人会认为，低生产成本是中国制造业迅速占据世界市场的重要因素。但是，中国制造业崛起的主要原因仍归结于建立了流程创新和制造业之间的一种新联系。中国利用反向设计原理，通过借鉴现有产品而设计出更廉价的产品以适应市场；通过跨国公司的合作交流，迅速吸收竞争对手的经验教训，在全方位学习中不断改进，并利用跨区域生产网络推动技术吸收和协同发展。2010 年，中国制造业增加值超过美国，成为全球制造业大国。中国制造业的快速崛起，打破了美国企图运用信息技术革命把中国制造业与研发、设计、品牌和市场营销等环节割裂开来的想法，让美国不得不重新审视自身制造业发展的问题。

在中美进出口贸易商品中，交易货物大多为制造业产品。由中国海关统计的数据显示，近年来，中国对美出口大体呈上升趋势，出口总额一直维持在 4000 亿美元上下。2018 年，中美贸易逆差高达 3233 亿美元，同比增长 17.2%，创自 2006 年以来的最高纪录。截至 2019 年上半年，中国出口美国商品总额为 1994.03 亿美元，从美国进口总额为 589.23 亿美元，中国对美货物贸易顺差已达到 1404.8 亿美元。与美国相比，中国的出口产品大多物美价廉，极具价格优势。中国商品迅速占据美国市场，对美国"制造业回归"计划造成一定程度的冲击。美国希望借助高筑的贸易壁垒，不断缩小贸易逆差，维护国家经济利益，扶持国内制造业的发展。

经过几十年的发展，中国制造业在国际上的地位早已夯实稳固，已然成为"全球唯一一个横跨高中低端的超级工业大国"。再者，中国着眼推动国家高新技术制造业，提出了"分三步走"的十年战略目标——《中国制造 2025》。该目标将"高端、信息、服务、智能"作为导向，把未来发展重点放在新一代信息技术、航空航天装备、生物医药等高端产业上，让作为世界"霸主"的美国有了强烈的危机感。

由此，抑制中国制造业快速发展，促使本国制造业的回流、复兴，稳固自身"超级大国"的地位，成了美国发动贸易战的重要因素。

二、美对华制造业采取的贸易保护措施

美国实行"去工业化"的弊端，在制造业贸易中得到了体现。多年来，美国的对外贸易长期处于赤字的状态，并且赤字规模逐渐扩大，这为美国经济的增长带来了一定的负面影响。在美国总统特朗普看来，美国的贸易赤字即"国外廉价产品对国内商品的简单替代"。从国外进口的产品越多，也就意味着美国制造业产品被替代的可能性越大。这种情况导致了美国本土不具竞争优势的制造企业面临淘汰风险，抑或选择向外转移，这就加剧了美国在就业等方面的社会问题。因此，保护本国制造业发展，成了美国经济发展的重要目标。

GTA 数据显示，2008—2017 年，美国平均每年对中国的贸易制裁措施约 52 项。而英国、日本、澳大利亚、德国这四个同为美国重要贸易伙伴的发达国家平均每年遭受的贸易制裁措施约为 32 项，在这方面，中国是其他国家的 1.5 倍。2017 年，美国对中国新增贸易干预措施 75 项，达到了近年来的最高峰。在这些制裁措施中，进行"双反调查"、出台政策条款和提高关税壁垒成了遏制中国制造业发展的主要方式。

（一）"双反调查"频发

随着国际经济合作的不断深入，中美之间的贸易摩擦不断加剧。自美国总统特朗普上台之日起，贸易保护措施就呈爆发态势增长，针对中国制造业的"双反调查"频繁发生。"双反"调查是指对来自某一个（或几个）国家或地区的同一种产品同时进行反倾销和反补贴调查。从 2017 年 1 月 5 日起，美国商务部陆续发布对进口自中国商品的"双反调查"，非晶织物、普碳、双向土工隔栅产品、合金钢板、硫酸铵、卡客车轮胎、胶合板等产品都出现在美调查名单中，而其最终裁决均以加征高额关税结尾。同年 2 月，美国更是对中国不锈钢板带材实施 63.86% ~ 76.64% 的反倾销税率和 75.6% ~ 190.71% 反补贴税率的裁决。

2017 年 8 月 18 日，美国对中国发起了"301 调查"，这也加快了美国对中国进行"双反调查"的脚步。2018 年 11 月 28 日，美国商务部违反一贯的"双反调查"程序，在没有美国国内产业提出申诉的情况下，主动发起针对从中国进口的普通合金铝板反倾销和反补贴调查，成为时隔超过 25 年以来发起类似调查的首例。截至 2018 年 2 月，美国商务部已发起 102 起"双反"调查，数量相比增加 96%。

在美国实行的反倾销措施中，大多违反了 WTO 在《反倾销协定》中所规定的三个条件，存在倾销事实、确实对进口国自身产业造成实质性损害和威胁以及二者之间存在因果关系。从美国调查的产品种类来看，大多为中国极具优势的劳动力密集型和资本密集型传统制造业产品。这种做法无一例外地体现了贸易保护主义、霸权主义的思想，同时也阻碍了中国传统制造业的稳步前进。

（二）关税壁垒高筑

随着美国针对中国知识产权问题和技术转让规则问题的"301 调查"结果出炉，征收关税已经基本取代反倾销、反补贴调查，成了美国贸易保护的主要形式。

自 2018 年年初，特朗普政府就缔结了一系列关税法令。2018 年 1 月，美国对从中国进口的大型洗衣机和光伏产品分别采取了 4 年和 3 年全球保障措施；2 月起，美国又对从中国进口的钢铁、铝产品、摩托车、蒸汽轮机、铸铁污水管道配件等商品加征关税，某些反倾销税率甚至高达 109.95%。在被征收高额关税的商品中，大多数为制造业产品，且制裁产品种类范围广，低端工业制成品、高端技术产品等均位列制裁名单。美国的这种做法直接冲击了中国固有的制造产业链，给中国带来低端产品出口难、高端技术发展难等问题。同时，高额关税导致企业出口成本提高，让中小型"粗放式"发展企业直面生存难题。

之后，在中国针对这些制裁措施与美国协商未果的情况下，美国对中国制造业的打压更加步步紧逼。2018 年 4 月 4 日到 2019 年 8 月 1 日，这短短的一年多时间里，美国对中国发动新一轮制裁的周期不断缩短，美国商品加征关税的清单项目从几百逐渐演变成了上千，美国商务部宣布对中国输出到美国的产品加征关税的总量也从 500 亿美元增加到了 3000 亿美元，美方对中方加征关税的税率也由原先的 10% 急剧上升为 25%。这些"漫天要价"的制裁措施，虽然表面上是美国对中美贸易逆差缩减做出的"努力"，但实际上反映了美国对自身制造业发展的迫切需求。

（三）政策法令的限制

众多关税法令的缔结主要是限制中国传统制造业产品的出口贸易，而政策法令的出台则直接扼住中国先进制造业命运的"咽喉"。在此次大规模贸易战中，美方一直强调"知识产权保护问题"，而中国先进制造业对美高端技术产品的过分依赖，便让美国有了可乘之机。

人工智能是中国未来制造业的发展方向。2017 年中国在 AI 领域的投资迅速增长，年投资额达到 73 亿美元，占全球 AI 初创企业融资额的 48%，这便让一直处于制造业尖端的美国有了危机感。2018 年 3 月 20 日，美国提出了《2018 人工智能国家安全委员会法案》，以保护国家安全的借口欲掐断中国新兴科技的发展道路，禁售以华为 Mate10 为代表的一系列人工智能产品。与人工智能相关的通信产业，也难逃被制裁的命运。2018 年 4 月 16 日，美国商务部发布"中兴通信销售禁令"，并宣称"在未来 7 年内禁止中兴通信向美国企业购买电信零部件和软件产品"。一时间，作为中国最大通信设备上市公司的中兴，其主要经营活动全部停止，公司处于"休克状态"，几近破产倒闭。2019 年 5 月 16 日，华为被美国商务部工业与安全局列入威胁美国国家安全的"实体名单"。同时，美国总统特朗普签署一项总统令，禁止所有的美国公司购买华为所生产的设备。美国希望通过此种方式，企图赢得与中国在 5G 网络先进技术领域的竞争。

随后，新冠疫情的蔓延，也没能阻止美国打压中国先进制造业的步伐。2020 年 4 月 28 日，为限制中国信息技术制造业使用美国技术设计和生产的产品，美国工业与安全局连续发布了两项针对《出口管制条例》的修订法令及一项修订提案，取消中国民用许可证（License Exception Civil and Users，CIV）豁免。中国在通用电子组件、制造半导体器件或材料的设备等产品进口方面受到极大限制，这对当前中国先进制造业形成了直接冲击。

贸易保护主义抬头的趋势，对中国制造业发展造成了极大的威胁。GDP 增速放缓、人民币汇率贬值、出口企业减产停产、失业率上升、社会福利缩减等问题，都随贸易战的越演越烈而加剧。同时，美国在知识产权、环境保护、服务贸易等众多方面对中国设置高门槛，很大程度上影响着中国制造业"走出去"战略的实施。

三、贸易摩擦下中国制造业的产业现状

中国制造业经过 70 年的积淀，其根基已夯实稳固。在贸易摩擦盛行、经济形势复杂多变的情况下，中国制造业却始终能稳步前进，进入发展新阶段。

（一）产业规模庞大，产业体系健全

中国电子信息产业发展研究院副院长王鹏提出的"大、全、快、新、广"，全面地概括了中国制造业的发展变化。近年来，中国制造业成长快速，总体规模不断扩大，综合实力显著增强。在拉动国内经济社会发展的同时，也对维持世界经济稳步发展起到了重要作用。

从工业增加值来看，中国工业增加值逐年递增，年均增长率为 11%。截至 2018 年，中国工业增加值已达 30 多万亿元，按照不变价计算增长，约为 1952 年的 971 倍。由国家统计局提供的数据可知，2018 年中国制造业增加值占世界份额的 28% 以上，逼近日、美、德三国增加值的总和。经过 70 年的努力，当前中国已形成了独立健全的现代工业体系，制造业囊括联合国产业分类规定的 39 个大类、191 个中类、525 个小类，拥有全世界最丰富、最复杂的产业链条，成了"全世界唯一拥有联合国产业分类当中全部工业门类的国家"。

（二）产业创新进程加快，国际竞争力提升

提高自主创新能力，是中国制造业一直以来发展的重点。为了增强制造业的创新动力，中国制造业 R&D 投入程度有了明显提高。国家统计局发布的《2018 年全国科技经费投入统计公报》显示，2018 年中国研究与试验发展（R&D）经费投入总量为 19677.9 亿元，与 2017 年相比，增加了 2071.8 亿元，增长率为 11.8%。同时，中国制造业的专利数量增速加快。以"5G 核心技术拥有者"华为公司为例，作为中国信息与通信技术（ICT）领域的领跑者，仅在 2019 年上半年就获得了 2595 件国家发明专利授权，创新效率显而易见。当然，中国在载人航天、探月工程、高速轨道交通等其他领域的技术也取得了突破性进展。

在世界 500 余种主要工业产品中，中国有 200 余种产品产量位居世界第一。在 2019 年发布的"世界 500 强企业"名单中，中国有 129 家企业入围，其中制造业企业占比超过 50%。中国石油化工集团、中国石油天然气集团、国家电网跻身世界前五，中国制造业的国际竞争力不容小觑。

（三）处于价值链的低端，"粗放式"发展存在弊端

从全球产业分工的角度来看，与产业重心偏向于研发、设计等核心环节的发达国家相

比，中国制造业主要涉及零部件加工、产品组装等环节，仍处于产品价值链的低端。产品核心技术的缺失，使得中国制造业无法把握市场的主导权，利润空间极大程度上受到发达国家的挤压，被他国替代的风险也随之加大。

因此，为了争取更多的生存空间，许多企业会选择"三高一低"粗放式的模式进行生产。长此以往，环境污染、能源消耗就成了中国制造业发展的"拦路虎"。2018 年起，中国的能源消费增速呈延续反弹态势，能源市场出现供不应求的现象，中国能源消费量占全球能源消费量的 24%。同时，中国对外国能源的依存度不断走高。2018 年，继成为最大原油进口国后，中国又超越日本成为最大天然气进口国。而且，技术的落后，让中国能源的利用效率与发达国家依然存在很大差距。大量污染物的排放、生态环境的破坏、经济效益低下等一系列问题，都给中国制造业带来了被低端锁定的"困局"、面临被边缘化等风险。

四、贸易摩擦给中国带来的机遇与挑战

中美贸易战的打响，表面上虽然是中美在制造业领域贸易不均等化冲突的表现，但也在某种程度上暗示着国际制造业贸易规则发生了一定的变化。

（一）对中国制造业的负面影响

打击中国传统制造业的出口贸易。高税率和高频次的"双反"调查，对中国的制造业产品出口形成了一定的冲击。GTA 数据显示，2017 年美国对中国的中、低端技术出口产品实行的贸易措施共为 1634 项，占到了美对华总贸易措施的 61.5%。

在中国对美国出口的商品中，纺织服装、家具、鞋类、皮革制品等劳动密集型低端产业制成品占有一定的比重。一直以来，大量的人口红利让中国在劳动密集型产业中具有一定的比较优势，"价廉物美"成为此类商品占据低端制造业市场的有利因素。中美贸易摩擦中一系列高额关税的制裁，使中国产品价格优势被不断削减，这对中国企业在美市场议价能力和成本转嫁能力上形成了极大的挑战，同时也对低级制成品的稳定出口造成恶劣影响。

同时，美中之间最显著的贸易逆差存在于工业制造领域。根据美国《市场观察》提供的数据，2017 年中美贸易货物逆差总额达到 3752 亿美元。其中，电子产品在美对华贸易主要赤字行业名单中位居首位，其赤字额高达 1673 亿美元，电气设备、混合制造业赤字额分别以 399 亿美元、386 亿美元位列其后。所以，中美贸易战对中国传统的机械、钢铁、电气设备等资本密集型产品出口影响最大。以南京高速齿轮制造公司为例，该公司从事高速、重载、精密齿轮传动装置的研发和生产，其生产的制造品全部在美对华征税 10% ~ 25% 关税的商品名单内。与竞争对手西门子、采埃孚相比，南高齿的风电传动产品质量和价格与其接近，但在被额外征收关税后，南高齿的价格优势完全丧失。

加征高额的关税，不断压缩中国中、低端制造企业微薄的利润空间，让中国传统制造企业承担更沉重的生产、出口成本，最终导致企业运行困难，造成失业等社会问题，严重地打击了中国正常出口贸易。

高端技术产业发展极具压力。在当前严峻的形势下，极具生命力的核心高端技术依然掌握在美国等发达国家手中。为扼制中国制造业与信息化融合的进程，美国针对高新核心技术以及核心零部件的出口发布了相应政策法规，这更加剧了中国高科技产业与市场需求之间失衡的问题。

以集成电路产业为例，虽然中国集成电路产业在不断壮大，但是相对于自身的市场需求和经济发展而言，其自给自足的能力还远远不够。根据中国海关统计，中国集成电路的进口量呈上升趋势，2019 年中国进口集成电路 4438.4 亿元，同比 2018 年增长 6.1%。根据 2017 年中国核心集成电路的国产芯片占有率来看，在计算机系统、通信电子系统、内存设备、显示及视频系统中，国产芯片的占有率是极低的，MPU、FPGA/EPLD、DSP、DRAM、Display Driver 等核心集成电路的国产芯片占有率均接近于 0。虽然通信设备的移动通信终端中的 Communication Processor 国产芯片占有率在其他种类中脱颖而出，但是其最高比率也仅仅是 22%。中国芯片对外依存度非常高，以加工为主的芯片制造业，使用海外资源的芯片设计，这为中国自身高端技术发展带来了很多局限性。

众所周知，集成电路是信息产业发展的重要基础，如果想要实现大数据、云服务等新兴产业的自主发展，就必须保证集成电路产业健康、平稳、快速发展。可是，在贸易摩擦的背景下，美国以"维护国家安全"为由拒绝对中国出口芯片、光刻机等高端制成品，并制裁中国相关高端企业，中国集成电路发展面临挑战。如果国内技术生产无法满足市场需求，那么将会影响到国内自动化仓库、无人码头等工作的正常运行，甚至会诱发"多米诺骨牌效应"，对制造产业链的各个方面形成一定的冲击。

根据美对华加征关税的商品清单和颁布的政策法令来看，美方对中方的加税行业直接剑指《中国制造 2025》战略中的发展重点——高端技术产业。2020 年 2 月 13 日，美国外国投资委员会（CFIUS）颁布的《外国投资审查法案》最终规则正式生效，旨在强化对中国等国家在人工智能、生物技术、数据分析等 14 项新兴技术和基础技术领域的投资审核，阻碍中国对外"多向学习"的发展路径。国外不断加强的技术封锁、高额的生产和出口成本、止步不前的技术水平、强大的竞争对手，会让中国高端产业的发展举步维艰。再加上特朗普"发展美国先进制造业"的经济策略，这必定会对中国制造业市场形成强有力的冲击。

（二）为中国制造业发展带来的机遇

推动调整产业结构，重塑产业形态。从产业转移效应来看，美国在发动贸易战之后，已将一些低端产品加工业迁移到其他劳动力成本更廉价的亚非拉发展中国家。这种劳动力密集型产业外移的做法，反而有利于中国传统低端产业的转移和输出，改变了中国传统的产品结构。

持久的贸易摩擦，必然会压迫中国第二产业的发展，迫使中国将经济结构向更加发达的第三产业倾斜，这会促使中国制造业的产业形态实现由"生产型制造"向"生产服务型制造"的升级。在此背景下，工信部总经济师王新哲提出："大力推动制造业'双创'向纵深发展，促进我国制造业从经济增长的主要动力逐步转变为技术创新的基础依托，推动制造业产业模式和企业形态根本性转变。"高质量、高技术是中国制造业发展的必然趋势。美国遏制中国传统制造业正常发展的一些措施，可能会使中国借此机会淘汰落后的低端产业和过剩产能，加速产业结构调整和升级的步伐，更好地实现出口贸易多元化，为国家新兴产业的发展创造充足的空间和资源。

创新驱动意识不断强化。中国社科院副院长蔡昉表示，目前中国已经进入了"刘易斯拐点"阶段。"刘易斯拐点"指的是一个国家由劳动力过剩到短缺的转折点。一直以来，虽然国家都在强调进行自主研发和掌握"高精尖"技术的问题，但是由于自主研发成本高等多种因素的影响，各企业对创新的意识不够高。而现在，拥有高端技术的美国有意对中国实行"卡脖子"的政策，就迫使我们不得不自力更生，加强自主研发的力度。

中美贸易摩擦的出现，让中国意识到只有依靠自主研发、创新驱动，才能真正地实现经济强国的目标。近年来，随着创新驱动战略的不断深化，中国越来越重视技术革新的提高和技术人才的培养。根据 2017 年我国科技人力资源发展状况分析，2017 年我国科技人力资源总量达到 8705 万人，比 2016 年增长 4.9%。此外，中国科技人力资源整体学历层次提高、学历结构不断改善也为技术革新积聚了人才力量。《中国制造 2025》的逐步推进以及数字化、网络化、智能化进程的不断加快，促进我国制造业产业结构转型升级，同时在新兴技术和产品研发周期、高端技术产品出口等方面发挥了重要作用。

所以，我们应积极面对"中美贸易战"带来的国际制造业贸易规则的变化，将劣势转化为自身发展的优势，促进传统制造业的转型升级，全力打造新兴制造业。

五、中国制造业转型的对策建议

中美贸易摩擦的升级，不仅是中国与美国之间经济实力的较量，更是对中国制造业未来发展前瞻性的一种考验。制造业是固国之本，制造业的良好发展是体现国家综合实力的重要层面。制造业的高速发展和创新驱动密不可分，创新驱动为新兴制造业的出现提供原动力，而传统制造业的转型又必须在创新驱动的牵引下实现。只有坚持创新驱动战略，才能促使中国制造业的繁荣发展。

（一）积极打造产业固链，加快产业形态调整

贸易战中高额的关税壁垒，让中国制造业出口贸易损失巨大。同时，中国制造业长期以来"三高一低"的粗放式发展，也让中国陷入低端制造的困境。加快产业结构调整、重塑产业形态，是制造业转型的首要问题。

政府可以针对国际供应链产品和劳动、资本密集型等制造业重点领域，在龙头企业与其产业链上下游配套企业中建立"一对一"机制，加大对中小型关联企业的融资支持，打通产业链、供应链"堵点"，实现企业间精准对接；把握绿色化发展的趋势，加快裁减制造业中低收益、高能耗、高污染等落后产能的脚步，解决资源紧缺、环境恶化问题；顺应

国家政策，对装备制造、船舶等制造领域进行企业战略性重组，推动电力、钢铁等产业进行专业化整合，不断提高企业竞争力和产业集中度。

与此同时，应将制造业服务范围向"微笑曲线"的两端延伸拓展，树立自身品牌意识，增强品牌效应。通过"文化+"提升产品附加值，加上先进的革新技术、优质的劳动力人才和科学的管理方法，着力改变当前中国处于全球价值链中低端的现状，拓宽传统制造业改造升级的广阔平台。

（二）进行人才职业化培养，开创制造业"新"格局

制造业自主研发和创新驱动的背后，必须有一批高水平、高素质的创新型人才作为支撑。在当前"人口红利"不断减少的情况下，如何培养制造业高素质人才以发挥"人才红利"优势的问题值得深思。

在高等教育层面，各高校可以围绕《中国制造 2025》等国家发展战略的重点领域，增设与有较大潜力的新兴制造产业相关的课程。借鉴德国"双轨制"教育，将应用型和技术型人才作为培养重点，注重理论和实践的结合，实现高层次技术型人才与先进制造业需求的精准匹配，将劳动力资源的效益实现最大化。注重科技人才素质的提高，以"工匠精神"作为基本要求，以精益求精的态度实现制造业高质量、高水平发展。

在激发学生创新创业精神的前提下，还应开展具有战略意义的产学研合作。以政府为主导，以市场为导向，不断加大科研投资，减少科技资源流动壁垒，促进科研人才的流动，推动科研成果共享学习。以南京市江北新区为例，其不仅积极与周边高校合作进行"121"创新社区建设，努力推动"高大上"国家级平台入驻创新社区，吸引各高校的"高精尖"人才，不断聚集科技创新成果，使社区中的创新链与制造产业链精准对接，为企业高质量发展储备人才；还积极推动校企合作、产教融合，为知识型人才搭建一个将理论与实践相结合的平台。同时，不断均衡高校和企业之间的位势差，使企业吸收科研成果的同时，又能加强校企之间的合作，为制造业"新"发展夯实基础。

（三）推进技术转型，加快信息化发展

技术转型是实现制造业高质量发展的法宝。"中兴被裁、华为被禁"事件明显体现中国对进口高端制造品的依赖程度，"中国制造"的现状亟须向"中国创造"转变。

先进制造业的发展少不了互联网对于制造业的改造升级，而"5G"核心技术的掌握，为中国制造业未来的发展提供了重要保障。继续深化制造业"双创"升级版，加强推广"互联网+"战略，落实工信部《关于印发"5G+工业互联网"512工程推进方案的通知》，在增强大企业示范引领作用的同时，推进中小企业数字化专项行动，积极培育"5G+工业互联网"融合叠加、互促共进、倍增发展的创新态势，促进信息化、工业化深度融合。利用互联网平台便捷、平等、开放等特点，保证大数据分析结果的准确性和时效性，不断完善运营模式、资源配置等环节，实现制造业网络化、数字化、智能化升级，保障产业高效优质发展，增强传统企业的核心竞争力。

（四）推进价值链低端产业转移，促进区域联动发展

随着 21 世纪"海上丝绸之路经济带"的深入发展、中欧班列的正式投入使用，中国与东亚、南亚、东南亚、欧洲等多个国家和地区的经贸往来和文化交流日益密切。跟随世界"第五次产业转移"的脚步，中国将部分劳动力需求大、工业流程烦冗复杂、产品附加值较低的传统制造业向拉美、非洲、东南亚等发展中国家和地区进行转移，不仅可以降低我国中低端产业的生产成本，为中国发展现代产业腾出空间，而且可以给其他落后的国家带去相对先进的生产技术，为缓解人口密集地区的社会问题做出贡献。

以中国为中心的辐射效应，带动周边发展中国家经济联动增长，不仅体现了中国作为一个世界大国的责任意识，更有益于中国与其他国家睦邻友好合作关系的加强，为中国大额的出口贸易创造更加广阔的市场。

了解中美贸易摩擦的成因，抓住国际制造业贸易规则变化趋向，才能推动中国制造业稳步前行。技术人才自主研发、国家企业创新驱动，是制造业转型升级的关键环节。积极运用国际组织政策，维护国家合法权益，创造良好产业发展环境，加快科技研发速度，才能够减少"中美贸易战"对我国经济、技术等各领域带来的冲击。在国际贸易摩擦频发的环境中，我们应以积极的姿态应对挑战，把握机遇，实现制造业高质量发展。

第三章　新形势下我国制造业转型升级的路径研究

第一节　我国制造业的转型升级之路

前不久，中国企业联合会按照国际惯例连续第 6 次推出了 2010 中国制造业企业 500 强。各项数据显示，2010 年中国制造业企业 500 强的营业收入、资产总额分别比上一年增长了 2.36%、17.01%，均低于 2005—2010 年间的平均增长率 21.35%、22.37%，特别是营业收入的增幅下跌较多。相比之下，利润总额却比上一年猛增 26.63%，扭转了去年利润同比下降的情况，且高于 2005—2010 年间的平均增长率 19.23%。进入门槛值的增长幅度为 -14.49%，这是自 2005 年第一次推出"中国制造业企业 500 强"以来，5 年间入围门槛值首次出现下降（5 年间入围门槛值的平均增长率为 15.53%），这也充分说明金融危机延缓了我国制造业企业的扩张步伐。营业收入、资产总额增幅减缓，而利润总额大增，反映出金融危机对中国制造业企业的影响在不同年份有所不同。在《财富》2010 年全球 500 强排行榜中，中国公司群体呈现出逆势上扬的良好特性。中国内地共有 43 家企业入围，比去年多 9 家，有 18 家制造业企业达到世界 500 强标准，比去年多 5 家，其中，有 14 家企业申报并获确认，华为技术有限公司是除江苏沙钢集团有限公司外，第二家进入世界 500 强的民营企业，而去年退出世界 500 强的中国计算机生产企业——联想集团，今年仍然在世界 500 强的门槛外徘徊。

劳动生产率偏低、研发投入一直不足、"大企业病"的困扰、工资推动成本上升是 2010 年中国制造业企业 500 强存在的主要问题。为此，我们提出以下促进我国制造业转型升级的对策与建议。

一、大力推进自主创新

自主创新是企业发展的不竭动力。鉴于自主创新已不再是一个全新的话题，我国企业在经过改革开放 30 余年的高速发展之后，不应当只是简单地泛泛而谈，或浅尝辄止，而是应该站在更高层次、以更广阔视野推进自主创新，还应当从体系角度，建设适应全球化、知识经济时代要求的、高效的企业自主创新体系。其中，从我国企业的发展状况出发，现阶段推进自主创新需要着重关注以下两点：

（一）不断提高研发投入

中外企业的无数经验表明，不断加大研发投入始终是自主创新的第一要务。尽管从企业的纵向发展上看，我国企业的研发投入一直在增加，但研发投入还是不及国外企业的多。总体上看，我国企业在技术创新领域与国际先进企业的差距首先就是研发投入上的差距。即使在遭受金融危机冲击的不利情况下，许多国外企业宁肯更多地削减生产和销售领域的支出，也不愿意削减研发投入。一项针对日本246家大公司的调查显示，这些企业2010年度研究开发总投入比上一年度增加5%。其实，国内许多企业已经具备高投入的实力了。因此，我国企业应当在以往投入的基础上，抓住机遇，以继续加大研发投入作为推进自主创新的"牛鼻子"，并根据新形势下的特点，在研发模式与投入结构上做相应的改进，使研发资金用在"刀刃上"，真正见到效益，确保研发高投入的可持续性。如果要立足于赶超国际先进目标，我国企业前期的投入还应当高于国际平均水平，如同韩国企业曾经做的那样。

（二）注重原始自主创新

我国制造业企业更多的是在承接国际产业转移中以引进技术再创新与集成创新实现了跨越式发展。时至今日，我国企业提供的产品及服务与世界先进水平相比，其差距已经有了明显的缩小，引进带来的"红利"已经大为降低。今后的发展需要更多地靠自身的原始自主创新（对外引进也不可放弃）来推动，而且只有通过原始自主创新，我国企业才有可能超越国际先进水平，否则永远难以望其项背。以美国为例，20世纪80年代以来，美国凭借在信息技术等高新科技领域酝酿的一系列原始自主创新在20世纪90年代获得丰硕成果，在世界产业结构调整中领先一步，把日本、欧洲远远甩在后边。相反，日本实行跟随型发展模式，在险些超过美国之际又再度落伍。因此，原始自主创新对企业的可持续发展、国家产业结构的调整和综合国际竞争力的提高越来越具有重大的战略意义。

二、继续承接国际产业转移

改革开放以来，我国成功地利用了经济全球化的趋势与机遇，制造业通过承接国际产业转移实现了飞速成长，以"后发优势"极大地提高了产业层次与水平。与发达国家横向比较，我国制造业的技术自主创新能力较弱，缺少自主品牌和营销网络。因此，继续承接国际产业转移仍然是制造业未来发展的重要战略选择。

（一）对不同产业实行不同政策

我国制造业涵盖范围较广，发展水平差异较大。因此，当前要根据不同产业的发展水平与国际产业转移的新趋势和特点，对不同产业实行不同的政策。首先，对于我国具有比较优势的产业，要大胆实施"走出去"战略，使之尽快成长为具有国际竞争优势的全球性产业。如对于服装纺织产业和消费类电子产业等劳动密集型产业来说，中国不仅有着劳动力成本的优势，还有一定的生产技术和产品质量的优势。对这类产业，要在大力推动企业跨国经营、扩大产品出口的同时，积极鼓励企业在国外办厂，开展境外加工贸易，使这类产业逐步成长为具有国际竞争优势的全球性产业。其次，对于具有高成长性和较大市场空间而又缺乏技术优势的产业，要继续实施"引进来"的发展战略，把引进国外先进技术和自主创新结合起来，实现中国制造业的跨越式成长。最后，对于部分技术密集型产业来说，无论是从资金投入上还是从技术开发水平上分析，国内企业难以单纯依靠自己的力量在短期内完成赶超，就要在引进产品的同时逐步引进相关产业和技术，逐步引导跨国公司在我国设立制造基地和研发中心。要充分利用好国外资源，加快培育一批面向 21 世纪的新兴制造产业。

（二）产业转移与科学发展观相结合

在参与国际产业转移过程中，我国企业还必须注重可持续发展，坚持承接国际产业转移与新型工业化道路相结合。既不能因噎废食，以为引进的产业都是污染产业而不敢承接产业转移；也不能目光短浅，为了一时的经济增长而"引污入室"。这一方面需要国内尽快建立、完善环境影响评价制度，坚决禁止污染严重且无法治理的项目向我国投资和转移，严格控制有一定污染但国内有治理技术保障的项目引进，并要求执行其母国环保标准；另一方面也需要我国尽快完善政府绩效考核机制，逐步由传统 GDP 考核向"绿色 GDP"考核转变，逐步建立和完善地方官员生态政绩考核制度。彻底防止和杜绝一些地方政府官员迫于招商引资的压力，急功近利，未经严格考察审核和项目环境评估就匆忙上马，给国外产业向国内进行环境污染性转移提供机会，损害我国经济、社会的可持续发展。

（三）技术引进与技术创新相结合

制造业企业目前的状况决定了我国企业必须把国际产业转移中的技术引进与开展自主创新相结合。首先，在继续鼓励跨国公司加大在我国投资力度的同时，采取各种手段鼓励其向我国转移关键技术，并不断提高承接转移产业的技术层次。逐步完善外资企业在中国本土市场上的竞争环境，逐渐由单纯鼓励外商在华投资设厂转变为鼓励跨国公司在华设立研发机构，使我国逐步由跨国公司的"加工基地"向"研发中心"转变。其次，要切实增强我国相关产业对技术引进的消化吸收能力。在引进过程中要重视技术专利和专有技术的引进，并加大对技术消化吸收的投入，形成对引进技术的系统集成和综合创新，并在此基础上形成我国具有独立自主知识产权的技术体系。

三、推行扁平化组织变革

组织结构是企业经营的主要平台。合理的组织结构有利于提高企业的运作效率，反之则会制约企业的发展。通用汽车公司在此次金融危机中倒下与其长期患有"大企业病"有直接的关系。通用汽车公司在后来的重组中重点对组织结构及业务结构进行了调整。许多企业在金融危机中的不良业绩与危机后的调整充分说明了企业再造理论一直指导着全球化及网络经济时代企业的发展方向。因此，在经历了罕见的金融危机后，不失时机地总结反思，积极推进组织结构变革，对于我国制造业企业的转型升级具有同样重要的意义。

在信息化时代，由通信与计算机技术作为重要的物质基础，组织结构变革的重要趋势之一是扁平化。扁平化组织具有快捷、灵活、高效又富有弹性等优良特性。但在实践操作中应当避免走入把扁平化与扁平型的组织结构形式混淆的误区。对于我国制造业企业来说，企业是否需要进行组织结构形式的变革及如何进行扁平化变革，是企业的外部环境、技术条件、人员素质、工艺水平、企业文化诸因素与组织结构形式相互配合协调的结果。不能把"扁平化"当成一种标签，为"扁平化"而扁平化。企业进行扁平化变革的基本条件是要有良好的计算机网络环境，良好的信息化工作基础。因为企业进行扁平化变革后，需要有良好的计算机网络来处理企业中的大量信息，要改变原来金字塔式的垂直组织主要通过等级链进行信息沟通的方式，使组织成员在每个点上都能获得所需的信息。

四、制造企业服务化

现代制造业与生产性服务业之间的融合发展日益深入。这种融合更多地表现为服务业向制造业的渗透，特别是生产性服务业直接作用于制造业的生产流程。从产业角度来看，这就是生产性服务业；从企业角度来看，则是制造企业服务化。制造企业服务化的发展路径和典型模式主要有两种：

（一）依托制造业发展服务业

许多传统的制造业企业通过发展生产性服务业来整合原有的业务，形成了新的业务增长点，通过产业之间的融合发展提升了企业的整体竞争力。在美国许多著名的制造业企业中，服务业在企业收入和利润中所占的比重越来越高，已经很难判断它是制造业企业还是服务业企业。典型的代表是美国通用电气、惠普、思科等企业。例如，通用电气是世界上最大的电器和电子设备制造公司，它的理念是"致力研发开创优质产品，价格实惠相宜，保证令顾客称心满意"，目标是在经营的每个行业取得全球领先地位并推动客户成功。在金融危机的不利环境下，通用电气在2008年仍然能够取得180亿美元左右的盈利，能够做到这一点主要是因为通用电气公司在发展过程中，充分利用自身所具备的品牌、技术、内容开发、全球化、人力资源、财务实力等关键能力，执行"重组"战略，捕捉"全新机会并获得利润增长的业务"，把服务渗透到了自己的日常作业管理之中，依托制造业积极发展商务金融、消费者金融、信息技术等利润丰厚、发展前景广阔的生产性服务业，使企业的制造功能和服务功能融合为一体，极大地增强了市场竞争力。

（二）从提供产品转变为提供服务和方案

当今的消费者更加注重产品个性化以及产品使用的便利性与服务附加值的增加。国际上一些大型的传统制造企业积极发展各类与产品相关的服务业务，向服务业渗透和转型，从销售产品发展成为提供服务和成套解决方案，作业管理从制造领域延伸到了服务领域，服务业务成为新的增长点和利润来源，为这些传统制造企业赢得了竞争优势。许多企业的生产与服务功能已经融合在一起，模糊了两者之间的界限。IBM 公司传统上是一家信息工业跨国公司，于 20 世纪 90 年代中期从硬件向软件和服务的战略转型。事实证明，IBM 的转型取得了成功，服务业务占公司总营业收入的比重超过了 50%，IBM 公司发展成为世界上最具影响力的信息技术服务企业，集服务提供、外包提供、咨询提供和产品支持于一身，创造了科技企业发展的新模式。

五、实施有效兼并重组

规模经济是现代制造业最重要的特性。对于企业而言，要实现规模效益，就必须做大规模，而从扩张路径上来看，兼并重组历来是企业做大做强的重要途径。我国制造企业和国际同行相比较规模普遍偏小，大部分不能发挥规模经济效益。企业在兼并重组中有两点是特别值得注意的：

（一）不唯规模是论

通过兼并重组扩大企业规模的大方向是正确的，但也需要切忌唯规模是论。首先，规模增加要有助于企业竞争力的提升，而不是扩大规模后反而背上了包袱。其次，机制改革要优先于规模重组，在激烈的市场竞争面前，机制落后的企业会先被市场淘汰，而不是规模较小的企业被淘汰，这一点十分值得决策部门重视。最后，规模重组要有利于叠加优势与成长潜能的发挥，要十分注意不同企业不同的历史背景、隶属关系的沿革、专业的特性、企业文化、产品结构等状况，要将这些方面的互补性大于竞争性的企业合并重组，才能达到发挥叠加优势的效果。

（二）注重后期整合

并购后期的整合非常重要。由于并购不仅涉及目标企业的员工、工会、管理层、客户、治理结构等资源，还涉及两个企业的文化融合，且文化融合相对来讲更为困难和重要。如果无法整合目标企业，融入目标企业所在国的文化体系之中，并购之后的经营通常会失败。这一点在海外并购中显得更为重要。另外，发达国家的兼并重组与行业集中局面是长期历史演变的结果。在一个行业里，稳定的 3 ~ 5 家龙头企业的形成，少则经历半个世纪，多则经历 100 多年。而国内目前由国资委主导的央企整合重组计划在 3 年之内就必须完成。因此，注重后期的整合，对达到既定目标、实现预期效果就更显重要。

六、大力发展新兴产业

当前，大力发展战略性新兴产业已经成为我国实现产业结构调整的必经之路，这与国家经济发展的战略目标一脉相承。国务院发展研究中心"重点产业调整转型升级"课题组测算数据显示，未来 3 年新能源产业产值可望达到 4000 亿元；2015 年环保产业产值可达 2 万亿元，信息网络及应用市场规模至少达到数万亿元，数字电视终端和服务未来 6 年累计可带动近 2 万亿元的产值。因此，大企业投资新兴产业前景看好，对企业自身提高产业层次、国家实现经济结构调整都具有积极意义。其中应当注意的问题是：

（一）找准投资方向

目前对新兴产业还没有一个确切的定义，但新兴产业所包括的行业范围的确非常广泛，大概有光伏、风能核电、新能源汽车和动力电池、航空制造、半导体照明、金属新材料、非金属新材料、生物、绿色食品等。相比之下，企业的规模再大，其资源也是有限的。因此，企业在进入新兴产业时，一定切忌跟风与盲目投资，而是要根据自身的比较优势，资源禀赋与相关的产业路径，找准投资方向与行业制高点，防止重复建设。例如，江西省把新能源产业、绿色照明产业、新材料产业、大飞机制造产业四个领域定为本省的战略性新兴产业。

（二）带动传统产业

我国目前还未完全实现工业化，我国的现代化发展战略应该把工业化和新工业化有机地结合起来，使之成为复合型的发展战略。所以，在产业结构调整中应当力争实现新兴产业与传统产业的良性互动与相互促进，以新兴产业带动传统产业的升级换代。这种新兴产业的正溢出效应与上面的投资方向有关。只有当新兴产业的投资与发展是沿着传统产业相关联的方向进行时，新兴产业对传统产业才会有切实的带动效应。认识到这一点对我国目前实施的区域发展战略也很重要。例如，东北地区在实施振兴老工业基地战略中就必须考虑，如何布局新兴产业来带动东北地区以钢铁、汽车制造、机器加工、机床等在内的装备制造业为主的众多传统产业。

第二节　新工业革命与我国制造业转型升级

新工业革命正在向我们袭来，这将使制造业的生产方式、制造模式、生产组织方式产生深刻变革，从而对制造业带来重大影响。本节介绍了新工业革命的内涵及特征，对新工业革命背景下我国制造业转型升级面临的挑战和机遇进行了阐述，提出新工业革命背景下我国制造业转型升级的对策建议。

制造业是国民经济的支柱产业，是支撑经济社会发展的重要基石。制造业的发展水平，是衡量一个国家综合国力和国际竞争力的重要标志。进入 21 世纪以来，随着人工智能、数字制造、工业机器人、3D 打印等现代制造技术的迅猛发展和不断突破，以及互联网、物联网和制造技术的深度融合，全球进入了新一轮技术革命加速发展的时代，新工业革命正在向我们袭来，这将使制造业的生产方式、制造模式、生产组织方式产生深刻变革，从而给制造业带来重大影响。目前，我国正处于制造业转型升级的关键时刻，新工业革命的到来为加快我国制造业转型升级提供了重大的历史机遇，能否抓住新工业革命蓄势待发的历史性机遇，积极应对挑战，对完成我国由制造大国向制造强国转变的战略目标至关重要。

一、新工业革命的内涵及特征

目前，国内外学者对新工业革命（也被称作第三次工业革命）的内涵从不同角度进行了阐述。经济学家里夫金认为，每次工业革命都是通信革命和能源革命的结合。里夫金说："历史上重大的能源革命与新的信息传播方式总是同时发生，19世纪，蒸汽机的发明和煤炭能源的利用令廉价报纸的大量印刷和流通成为可能。这加快了信息流通速度，提高了民众受教育比例，从而推动了第一次工业革命。20世纪电力的使用与电话、广播和电视发生了一次交汇，从那时起我们步入消费社会。"里夫金认为如今我们又面临着一次重大转变，互联网技术正在与再生能源相结合，在能源开采、配送、利用上从石油世纪的集中式变为智能化分散式，将全球的电网变成能源共享网络，第三次工业革命正在向我们走来。彼得·马什在其《新工业革命》一书中指出，从1780年到20世纪末，人类共经历了4次重大的工业革命：蒸汽机革命、运输革命、科技革命和计算机革命。而此次新工业革命将以科技化、全球化、互联化、绿色化、定制化等特征出现。彼得·马什提出人类的制造业可以分为5个阶段：少量定制阶段、少量标准化阶段、大批量标准化生产阶段、大批量定制化阶段、个性化量产阶段。个性化量产阶段已经到来。保罗·麦基里认为，第三次工业革命已经来临。新工业革命是以数字化的制造方式为代表，制造业数字化将引领第三次工业革命，智能软件、新材料、灵敏机器人、新的制造方法及一系列基于网络的商业服务将形成合力，产生足以改变经济社会进程的巨大力量。芮明杰教授则指出，新一轮工业革命即所谓的第三次工业革命，实质上就是以数字制造技术、互联网技术和再生性能源技术的重大创新与融合为代表，从而导致工业、产业乃至社会发生重大变革。这一过程将不仅推动一批新兴产业诞生与发展以替代已有产业，还将导致社会生产方式、制造模式甚至生产组织方式等方面的重要变革。虽然学者关于新工业革命的内涵与外延论述不尽相同，但是他们均从不同角度揭示了新工业革命的本质。综合各种观点，本节认为新工业革命具有如下显著特征：一是此次新工业革命的技术推动力是以计算机与通信为核心的新一代信息技术，以可再生能源为核心的新能源技术，以数字化制造、3D打印、智能机器人为核心的智能技术，以新材料为核心的材料技术，以基因工程和细胞工程为核心的生物技术等众多不同领域的新技术进行整合创新、互相交融的结果。二是随着新一代信息技术、3D打印技术、新材料技术、智能机器人等领域的技术向经济社会及工业领域纵深不断渗透拓展，生产方式从大批量、标准化规模制造的方式向以互联网技术与网络平台为支撑的数字化、智能化、个性化定制转变，标志着个性化消费时代的到来。三是生产组织方式由"集中生产，全球分销"转变为"分散生产，就地销售"。分散化、扁平化、专业化的产业组织模式更为普遍。四是在新工业革命浪潮中，互联网、物联网等技术与产业融合速度加快，催生出多技术、多业态融合的生产和服务系统，产业的边界渐趋模糊化，引发产业发展模式的变革。制造业价值链中的研发、设计、物流、品牌营销和售后等高端环节将成为制造企业的主要业务，出现制造业服务化，服务业产品化，制造业与服务业出现深度融合。五是智能制造、互联制造、定制制造和绿色制造将是未来几十年世界工业革命的业态。

二、新工业革命背景下我国制造业转型升级面临的挑战和机遇

改革开放 30 多年，制造业一直是我国经济发展的强劲动力，从总量和规模上来看，我国制造业 2010 年已位居世界第一，制造业迅猛发展极大地增强了我国的综合实力，为我国的经济发展奠定了坚实的基础。然而，近年来由于国内外经济形势的变化，我国制造业发展进入了一个重要转折期，面临着一系列挑战，转型升级刻不容缓。而此时新工业革命的到来恰好与我国加快转变经济发展方式、加快制造业转型升级形成历史性交汇，新工业革命中新的资源分配机制、新的制造方式和新的生产组织特征，将为我国加快制造业转型升级提供新的契机。

（一）我国制造业转型升级面临的挑战

1.制造业附加值偏低，自主创新能力不足

长期以来，我国制造业以制造、加工、装配为主，品牌意识不强，产品档次不高，处于价值链低端，制造业附加值偏低；自主创新能力弱，核心技术、关键设备过度依赖进口，国际竞争力不强。由于缺少核心技术和自主知识产权，我国制造业始终处于国际产业分工的低附加值环节。据测算，我国技术对外依存度高达 50%，科技进步贡献率只有 39% 左右。例如，我国 100% 的光纤制造装备，80% 以上的集成电路芯片制造装备和石油化工装备，70% 的数控机床、纺织机械都被进口产品占据。随着新工业革命的到来，知识要素逐渐成为制造业发展的核心要素，知识作为核心生产要素，在制造业产品附加值中所占的比重越来越大，成为推动产业结构转型升级的关键因素，而我国制造业自主创新能力薄弱已经成为影响我国制造业转型升级的严重障碍。

2.我国制造业赖以发展的比较优势正在日益弱化

改革开放以来，我国制造业快速发展是与传统要素禀赋的比较优势分不开的，其中最重要的比较优势为低廉的劳动力、土地、资源环境等要素。近几年随着我国土地价格上升、劳动力工资大幅上涨、资源环境约束增强，制造业生产成本被不断推高，制造业低成本的比较优势日益弱化。在新工业革命浪潮中，智能制造模式正在成为制造业发展和变革的重要方向，3D 打印技术、工业机器人等智能制造装备将在生产环节中取代大量劳动力，工业生产逐渐摆脱传统的大批量制造和依靠大量工人的流水线式的组装模式，有效地减少了产品的流通环节和库存压力，原材料、劳动力、土地等要素的成本占整体生产成本的比例

将越来越小，智能制造技术、知识产权、设计、品牌等要素则成为提升产业竞争力的关键因素。而这些方面恰恰是我国制造业的短板，这意味着我国制造业如果不加快转型升级，仅仅依靠传统要素低成本优势发展的模式将难以为继。

3. 我国制造业发展面临发达国家与发展中国家的双重压力

一方面，金融危机之后，主要发达国家重新重视制造业发展，将工业和制造业视为拉动经济增长与保持竞争力的发动机。发达国家把工业互联网、先进制造技术、智能制造、新能源技术、新材料技术等作为优先突破的领域，通过推出包括减税、补贴、加大科技投入等优惠政策，吸引高端制造业回归，并加紧从技术、规则和市场方面设置新的门槛，不仅使我国制造业通过承接产业转移获取先进技术溢出的机会越来越少，也加大了我国制造企业对外投资和产品出口贸易的难度，增加了我国制造业向全球价值链中高端提升的难度。另一方面，发展中国家也先后加快了制造业的发展，以比我国要素成本更加低廉的优势抢占全球制造业中低端市场，挤占我国现有的国际市场份额，使我国处于价值链低端的制造业遭受打击。

（二）新工业革命给我国制造业的转型升级带来新机遇

1. 新工业革命为我国制造业赶超发展创造了难得的机遇

在过去的几次工业革命中，我国始终处于落后和跟随状态。改革开放以来，经过30多年的高速发展，我国制造业已经在很多方面打下了坚实的基础，具备了很强的制造能力。在此次即将到来的新工业革命浪潮中，我国的经济实力、产业基础等方面都已今非昔比。比如，我国制造业有世界上最完整的体系，积累的技术基础和研发能力比以往任何时候都接近世界水平；在新一代信息技术领域，我国拥有"华为""中兴"等世界级领军企业，第三代移动通信、光通信技术与组网能力也跨入了世界先进行列；又如，我国制造业在人力资源方面继续保持着竞争优势，人数众多的制造业管理者和产业工人队伍是全球少有的；快速增长的国内市场需求为制造业发展提供了强力支持。我国具备的有利条件及正在到来的新工业革命给我国制造业提供了一个技术赶超发展、结构加快升级的重大机遇，如果我国制造业能够抓住这一机遇，完全有可能实现由制造大国到制造强国的历史性跨越。

2. 新工业革命将为我国制造业创造新的增长机会

新工业革命产业和技术融合的特征与趋势，将极大地促进技术创新、商业模式创新和服务产品创新。例如，以设计、咨询、科技服务等为代表的服务业将得到快速发展；互联网和先进制造技术相互融合使定制、个性化和小批量生产成为现实，企业、个人能随时参与制造的各个环节，以实现对生产要素的高度灵活配置，从而带动大众创业和万众创新，这一切都将为我国制造业创造新的增长点和机会。

3. 新工业革命将为我国制造业突破资源环境双重约束创造有利条件

能源互联网将对能源生产和利用方式产生深刻变革，有利于实现资源能源高效、清洁、循环利用、达到环境影响最小化。同时，智能制造、互联制造、定制制造和绿色制造将引领更少资源消耗、更低环境污染、更大经济效益的先进制造快速崛起，如 3D 打印、工业机器人等技术将根据需求的变化快速做出反应，在产品从设计、制造、包装、运输、使用到报废处理的整个产品生命周期内，对环境的污染达到最小，对资源的利用达到最高，从而实现社会效益和经济效益协调优化，为我国制造业突破资源环境双重约束创造有利条件。

4. 消费者不断提升的消费需求为加快制造业转型升级带来了重要契机

新工业革命的一个突出特点，就是要求充分重视市场需求在未来产业发展中的重要作用。随着生活水平的提高，我国消费者的需求越来越多样化，对消费品质量、标准的要求也越来越高，求新、求异、个性化消费逐渐成为人们的追求，无差异、大规模、标准化的生产已经不能满足消费者的需求。近年来，我国消费者热衷于"海外扫货""境外代购"，抢购马桶盖、电饭煲等就反映了这个问题。消费需求升级正在倒逼我国制造业加快从中低端向中高端转型升级，增加优质产品的有效供给。满足消费者不断提升的消费需求为加快制造业转型升级带来了重要契机。

三、新工业革命背景下我国制造业转型升级的对策建议

基于制造业在国民经济发展中的重要地位及新工业革命的特点，近年来我国从战略高度对制造业的发展进行了顶层设计和部署。2015 年 5 月发布了《中国制造 2025》，提出实施三步走战略，明确了制造业十大重点领域的发展方向和目标，为我国实现制造强国的目标描绘出清晰的路线图。"十三五"规划纲要则给我们指明了制造业发展转型的方向和要求。在加快制造业转型升级过程中，我们要紧紧抓住新工业革命带来的新机遇，紧跟新工业革命的进程，积极应对挑战，围绕上述要求和路线图，重点做好以下几个方面的工作。

（一）围绕国家重大战略需求，加快先进制造业发展，注重制造业的高端化和引领性

在新工业革命背景下，发展先进制造业已成为提升国家综合实力和国际竞争力的关键，我国制造业要加快转型升级，就要着眼于全球产业发展和变革的大趋势，瞄准先进制造的关键技术，紧密跟踪世界先进制造业发展动向，围绕国家重大战略需求，加快发展先进制造业，发挥对制造业转型升级的带动引领作用，争取在新一轮国际竞争中掌握先进制造业发展的主动权。首先，政府要有选择、有重点地扶持一批如航空航天、先进轨道交通、高档数控机床、海洋工程等大型高端先进制造产业，加大对高端先进制造产业的财税激励，鼓励相关企业通过兼并重组，整合资源，形成以大企业为主导的高端制造产业集群。其次，重点培育一批符合新工业革命特征和要求的如互联制造、智能制造、绿色制造等先进制造产业，鼓励由企业牵头，联合大学、科研机构组建研发联盟，进行协同创新，着力突破一批先进制造的关键环节和共性技术，并选择重点行业和关键技术领域进行试点，从而以点带面加快推进先进制造业的产业化进程，培育壮大一批处于全球价值链高端的先进制造产业。

（二）积极推动传统制造业转型升级，引导中低端制造业向价值链高端延伸

（1）发挥互联网优势推动传统制造业转型升级。互联网具有互联开放、融合共享的特征，互联网商业创新活跃，正加速融入社会经济各个层面，制造业也不例外。我们要抓住时机推动传统制造业借助大数据、云计算、物联网等新一代信息技术，改变传统制造业的生产组织方式，推动制造业将互联网技术渗透到研发、设计、制造、组装、营销和服务等各个环节中去，以增强制造企业的灵活性和应变能力，促进制造业加快培育以技术、品牌、质量、服务为核心的竞争新优势。

（2）合理转移处于价值链中低端的制造业。根据我国区域经济发展存在的差异性，积极引导传统制造企业从制造成本高的沿海地区向中西部制造成本较低的地区转移，通过"腾笼换鸟"延续综合比较优势。

（3）积极推动有条件的制造企业"走出去"。金融危机为我国制造业以较低价格从发达国家收购优质制造业资产提供了难得的机遇，我国要积极推动有条件的制造企业以海外并购或直接投资的方式"走出去"，利用发达国家制造业成熟的研发、品牌、营销等资源，更重要的是推动有条件的制造企业在海外设立研发机构，充分利用海外高端人才，同时吸收和学习发达国家制造业的管理体系和经验，以此来获取我国制造业转型升级所需的技术、人才、信息、品牌、服务等优质资源，促进我国制造业竞争力的提升。

（三）理顺政府与市场的关系，将政府作用与市场机制有机结合共同推进制造业转型升级

李克强总理在 2013 年达沃斯论坛上表示，市场能做的就让市场去做，社会可以做好的就让社会去做，政府管好自己应该管的事情，让市场发挥应有的作用，激发更大的活力，这样才能形成经济持续发展的内生动力。在加快制造业转型升级的过程中，要理顺政府与市场的关系，政府既不能过度干预，也不能放手不管，而是要将政府作用与市场机制有机结合共同推进制造业转型升级。第一，政府在以顶层设计和政策引领推进制造业转型升级的过程中，要更多地通过市场力量配置资源，通过实施相应财税、金融和政府采购等间接手段的作用促进产业结构向高级化发展。第二，政府应当更加重视法律法规的健全完善，更加重视保护知识产权、技术和专利，以及教育、公共服务等方面的建设，为制造业发展营造公平、公正、公开的市场环境。第三，政府要加大对交通、智能电网、互联网、物联网等基础设施的建设，加快建立由国家重点支持的制造业共性技术平台、研发公共平台、工业互联网等各类平台，为提升制造业竞争力，加快制造业转型升级提供方便、先进的基础设施系统。

（四）高度重视人才培养，以人才促产业转型升级

在新工业革命背景下，3D 打印、智能制造、工业机器人等先进技术将逐渐取代劳动者去执行重复性、操作性及复杂环境的工作，使劳动者的主要精力转向研发、设计、营销和服务等具有更高附加值的方面，这极大地增加了对知识与技能的需求。新工业革命需要

智力、技术、创新和高素质的人才，不仅需要劳动者善于协作，具有基本科技思维素养和动手能力，而且需要大量具有设计、规划、管理、创新能力的高技能复合型人才。在新工业革命的浪潮中，发展先进制造业、高端服务业及战略新兴产业的核心是人才，制造业转型升级的关键也是人才。为此，我国要高度重视适应制造业发展趋势的人才培养，要加快培养一批高层次创新型人才和掌握现代制造技术的高技术人才，以人才促产业转型升级。首先，在高等教育领域，要提升技术教育层次，增加技术型、应用型大学，加快培养高端技能型人才。其次，要鼓励企业、大学、科研机构建立长期合作关系，搭建产学研互动技术支撑平台和工业实验室，为学生提供坚实的实践平台，通过实践教学、校企合作培养制造业发展急需的高端人才和创新团队；同时，加大职业继续教育，扩大中等技术学校高级技工等人才培养来满足制造业人才需求。最后，要不断健全人才激励机制，通过各种方式为紧缺人才及高端人才提供优良的发展平台和扶持机制，借助股权激励、人才基金等途径，鼓励那些对企业做出贡献的专业技术及管理人才，吸引海外人才回国，为我国制造业转型升级提供强有力的人才保证。

第三节　数字贸易下我国传统制造业的转型升级

互联网技术的快速更迭使贸易方式发生改变，"数字贸易"这一新概念应运而生。这场数字变革将覆盖全球，数字技术及数据资源也将会和制造业深度融合，助力供给侧结构性改革，推动传统制造业产业转型升级。通过运用理论分析的研究方法，阐释数字贸易的发展如何对传统制造业产生影响，最后提出我国数字贸易下的传统制造业发展的三点可行性建议，把握新模式、新方向，加快创新步伐推进产业转型升级。

随着网络信息技术的不断发展，传统商务和贸易运用先进的数据处理和信息交换技术，一种可以降低流通成本、直接面对消费者、带来更多商业价值的新型贸易方式——数字贸易由此产生，此商业模式日益赢得各大企业的青睐，其战略作用也越来越突出。近年来，我国出台了《促进大数据发展行动纲领》《关于积极推进"互联网+"行动的指导意见》《关于深化制造业与互联网融合发展的指导意见》等一系列战略规划和政策措施，目的在于推动新一轮信息技术与制造业的深度融合。

数字经济下，云计算、大数据、人工智能等新兴技术为我国制造业产业转型升级注入了新动能，实现"中国制造"向"中国智造"和"中国创造"的转型必然是未来中国制造业发展的重大方向，也是中国抢占新一轮产业竞争制高点的关键突破口。中国制造业是全球制造业供应链的枢纽，但是疫情的突袭，对我国制造业产生了较大影响，导致供应链停摆，甚至中断。当然，此次疫情的暴发也间接为我国的制造业转型升级提供了推动力量，倒逼国内中小制造业企业加快数字化转型，积极思考如何搭乘数字经济这列快速车，在复工复产的同时完成升级转型，提升企业处理突发危机的能力。

由于当前全球数字贸易正处于飞速发展阶段，所以国内外学者对这一领域的相关研究大部分围绕数字贸易的概念界定、未来发展展望以及相关规则制定，较少关注数字贸易对传统制造业转型升级的影响研究。因此，本节通过阐述数字贸易的初步概念界定，分析了数字贸易对传统制造业产生影响的路径和当前我国制造业的发展现状，在此基础上针对我国制造业的发展现状提出建议，对其他相关产业具有一定的参考意义。

一、数字贸易概念及其对传统制造业的影响

（一）数字贸易的基本概念

当前，由于数字经济具有极强的变化性，各界对数字贸易的定义尚未达成一致。本节采用较为广义的"数字贸易"定义，即在生产、分配、交换、消费这四个商品流通环节中由跨境数据流提供支持的国内外产品和服务。由上述定义展开研究，数字贸易产品及服务可以初步分为数字化产品、数字化服务和数据服务贸易三大类。其中，数字化产品包括跨境电商和数字产品交互，数字化服务包括在线媒体、在线医疗、在线教育和数字金融等，数据服务贸易包括搜索引擎、数据云服务等跨境数据流。

数字贸易与传统贸易模式相比，贸易行为发生的本质和内在驱动并未发生改变，但它作为一种新型贸易形态具有以下几种特征优势。具体而言：第一，数字贸易信息化指的是数字贸易的产品和服务通过信息技术完成交易和传输；第二，数字贸易平台化主要表现为在数字贸易中互联网交易平台成为重要的协调和配置资源的经济组织；第三，数字贸易集约化指数字贸易利用数字技术实现企业生产集约化和管理集约化；第四，数字贸易普惠化体现在互联网技术大大降低了国际贸易门槛，为更多的中小型企业能进入全球市场提高了可能性；第五，数字贸易的个性化指数字产品在生产过程中可向消费者提供定制化服务，满足消费者的个性化需求。

（二）对传统制造业的影响分析

数字经济时代，大数据已成为必不可少的新型生产要素。数字贸易借助自身优势在依托数字经济获得蓬勃发展的同时，也深深影响着传统制造业的转型升级。数字贸易对传统制造业创新的影响可以从以下三个角度进行分析：

1. 提出新需求

从供需角度来看，互联网时代用户消费需求个性化、多元化的发展趋势，对制造业企业生产服务、产业转型升级提出了新要求。传统制造业企业在数字贸易发展和互联网深度融合，在对消费市场进行科学分析的时候充分运用大数据、云计算等新技术，开展基于大数据应用的个性化定制业务，进一步提高资源配置能力，更精准有效地满足消费者日益多样化的需求，缩短企业产品开发周期。

2. 开拓新市场

传统制造业企业将会通过数字贸易更为广泛地参与国际竞争，为了更好地开拓新市场，

制造业企业需要不断提升生产效率，通过加大对生产研发的投入，带动行业内新产品和新技术的突破，从而提高国内传统制造业自主创新水平，增加企业产品优势和国际竞争力，进一步推动制造业转型升级。

3.引领新方向

信息通信技术推动国际贸易改革，国际贸易呈现高度数字化的特征，为传统制造业引领智能化转型的新方向。疫情蔓延使国际贸易面临严峻挑战，数字贸易成为降低疫情带来的经济下行影响的希望所在。数字贸易的目标不应该局限于简单的商品交换，其强调数字技术在传统产业发展中的引领，更应该承担起推动实现制造业转型升级的历史使命。

二、数字贸易下我国传统制造业的发展

（一）发展现状

在改革开放 40 多年进程中，我国制造业发展迅速。国家统计局统计数据显示，2019年我国制造业增加值为 26.9 万亿元，持续占国民生产总值（GDP）30% 左右的比重，是名副其实的国民经济支柱产业。

此外，中国还是世界第一制造大国，联合国工业发展组织的数据显示，中国是目前全球唯一拥有制造业全产业链的国家，22 个制造业大类行业的增加值均排名世界前列，其中传统制造业产业增加值更是占比超过 30%。在联合国全部 19 大类制造业行业中，中国有 18 个大类超越美国成为世界第一。2018 年，中国制造业增加值占全球制造业增加值的28%，排名第一；同期美国占比为 17%，日本占比为 9%。

（二）不足之处

数字时代的信息技术和网络技术推动中国制造业快速发展，但我国制造业的转型升级仍存在一些问题与挑战：

1.消费需求多样化无法被有效满足

随着数字贸易的发展，网上销售及其他数字化技术共同推动零售形态的变革，在拥有海量信息和选择渠道的供需市场中，消费者的交易决策更具主动性，制造业企业面临着满足需求端压力。同时，年轻一代的消费者乐于尝试新鲜事物，不同消费群体呈现出不同的消费习惯，需求的多元化促使产品更新换代速度加快，中国制造企业在产品创新，增加用户黏性等方面面临巨大挑战。

2.产品附加值提升困难

随着中国经济发展，成本优势、规模优势和制度优势等我国制造业发展的传统优势正在逐渐减弱。与发达国家相比，我国制造业企业 R&D 强度严重不足。为了占领更多的市场份额，很多以低价进入市场的中企对产品技术创新、质量改良的投入非常低，导致企业普遍缺乏提升产品附加值的动力。中国制造业长期集中在中低端阶段，无法掌握产品定价权，获利空间较小，急需破解"低端锁定"的困境。

3.关键设备和核心技术长期受制于人

目前，我国科技进步明显，但仍然面临很多被"卡脖子"的问题。几个月前，被誉为"工科神器"MATLAB软件对哈工大断供，然而，中国的核心工业软件领域，基本还是"无人区"。我国制造业企业对基础研究重视度不够，重大原创成果缺乏，底层基础技术、基础软硬件、开发平台、基本算法、基础元器件、基础材料等方面的瓶颈仍然突出，关键核心技术受制于人的局面没有得到根本改变。

三、对传统制造业的建议

数字贸易作为一种新型商业形态，势必会对传统制造业的发展造成一定冲击。制造业作为立国之本、强国之基，必须要将制造业作为发展数字经济的主战场。对此，传统制造业可以从拥抱互联网思维、打造高品质品牌和推动智能化转型三个方面出发，探索转型升级之路。

（一）拥抱互联网思维

传统制造业并非起源于互联网，因此先天性缺乏当前数字企业所具备的互联网基因，同时后天性的互联网思维也未能形成，那么转变发展理念就是传统制造业进行转型升级的首要准备工作。互联网思维的核心是"产品至上，用户至上，流量至上"，互联网企业的典型特征之一就是用数据驱动决策。基于此，传统制造业应该摒弃不符合时代发展潮流的发展观念，拥抱互联网，积极引进新型技术（大数据、云计算、物联网）和新型人才，促进传统制造业与数字经济的融合。通过数字贸易电商平台打破交易时空限制，降低交易成本和用户反馈成本，同时优质的电商平台将消费者数据传递给制造企业，企业通过挖掘数据内涵进行决策分析，指导企业精准地开展产品研发工作，实现柔性生产。

（二）打造高品质品牌

创新为品牌建设提供源源不竭的动力，也是企业永葆活力的根本保障。制造业企业必须加强自主创新能力的提升，加大科研投入，积极采用新材料、新技术，提供满足市场多元化需求的产品和服务。把握移动互联网、大数据、云计算、人工智能等新一轮信息技术快速发展的机遇，推动实现品牌定位差异化、价值高端化，切实提升品牌创新力、吸引力、生命力。并树立以质量为生命的产品价值导向，着重提质增效，建立健全覆盖研发、生产和销售全过程的质量管理监督体系，打造专业化、国际化的生产运营模式，提升企业品牌价值，推动中国品牌"走出去"，向全球消费者传递中国品牌价值，不断扩大中国品牌的国际影响力。

（三）推动智能化转型

推动信息技术在制造业中的深度应用和融合。运用信息技术开展研发设计，提高产品生产率，提升产品附加值。运用信息技术优化业务流程，提高整体经营效率和管理水平。

且建立统一的产品质量可追溯体系，逐步完善覆盖全生产链条的产品质量追溯系统。深度应用智能工业控制系统，促进大数据、工业机器人、人工智能等新技术在生产过程中的应用，推动企业智能化转型。在制造业全面智能化背景下，企业必须因地制宜，根据其技术应用的实际水平制定相应的数字化转型战略，才能逐渐提升工厂的数字化与智能化水平。

第四节　我国传统制造业转型升级的内外条件

现今国际制造业模式正在发生改变，新的制造业模式逐渐显露，国际制造业价值链正在加速重构，面对这样的国际形势，我国传统制造业的旧有模式已经不能满足我国经济发展的需求，所以加快我国传统制造业转型升级的步伐是势在必行的。本节对我国传统制造业转型升级所面临的内外条件进行浅要分析，并对加速我国传统制造业的转型升级提出相应的对策。

一、国际制造业的转变

国际制造业的转变包含国际制造业模式的转变和国际制造业价值链分工模式的转变。

传统的制造模式是，由生产商自身主导科技的研发，采用标准化、规模式生产，各生产环节层级清晰、分工细致，进行全球化的分工和贸易。

未来先进的制造模式是，消费者参与到产品研发中，采用定制式、小批量生产，企业间互联，进行分工整合，采用就近布局的方式，从而进行快速交易。在这个过程中，消费者参与到新产品的开发和体检之中，生产商利用新科技根据消费者需求，进行任意批量的就地生产，并提供细致的售后服务。

传统的国际制造业价值链分工模式是，由消费者与美国等发达国家之间相互互动，之后由美国等发达国家进行相关科技的研发和核心产品的生产，然后由日本、韩国等国家进行中间产品的生产，最后由发展中国家进行最后的加工组装。由此可知传统的国际制造业价值链分工模式中，美国等发达国家获取的利益最大，其次是日本、韩国等国家，而发展中国家参与的是最低端的生产环节，获得的利益是最微薄的。

而在今天，传统的国际制造业价值链分工模式已经不能适应如今的经济环境，所以传统的制造模式将逐步退出国际市场的舞台，那么，制造模式的发展方向将是，以科技变化为骨架，以消费者的个性化需求为血液，连接消费者与生产环节。

面对国际制造业模式的转变及价值链分工的重构，加速我国传统制造业的转型升级，并及早抢占国际价值链分工中的有利地位，是当前我国经济发展的重要任务。

二、我国传统制造业发展的内外条件

（一）内部条件

1. 我国劳动力人口结构转变，劳动力成本上升

如今，我国可用劳动力人口正在逐年减少，据统计在 2012 年、2013 年、2014 年和 2015 年，我国可用劳动力人口分别减少了 205 万人、244 万人、371 万人和 487 万人，而且我国可用劳动力人口还将继续减少，这导致了我国劳动力人口的结构发生了巨大变化。在劳动力市场上劳动力的供给减少，而我国传统制造业对劳动力的需求是巨大的，这就导致劳动力的供不应求，进而导致劳动力成本的上升。

此外，随着我国老龄化趋势的逐渐加深，我国可用劳动力需要供养的老人增加，这导致我国可用劳动力生活压力的增加，和对工资待遇要求的提高，并且由于大多可用劳动力要照顾家中老人而不能离家太远，这就在一定程度上阻碍了劳动力人口的流动，导致劳动力市场中不同地区劳动力分布的不均，从而导致部分地区劳动力成本很高，而一些地区劳动力人口相对富余。由于我国传统制造业对劳动力的需求较大，所以劳动力对工资待遇要求的提高，以及劳动力分布的不均，都将导致企业需要通过提高员工的工资待遇来吸引劳动力，这就导致了劳动力成本的上升。

我国劳动力成本的上升将导致我国传统制造业的整体成本的增加，从而导致我国传统制造业在国际市场上的竞争力大打折扣，这就要求我国传统制造业的生产模式要进行转型，由原来的劳动力密集型转变为更合理的技术密集型。

2. 我国传统制造业产能过剩现象普遍

在过去相当长的一段时间内，我国制造业都在以量的增长为衡量标准，然而这种衡量指标已经不再适合如今的经济发展及社会需求，但是由于没能尽早地改变衡量指标，这就导致近几年我国制造业产能井喷式的增长，最终导致了我国制造业产能的严重过剩。那么我国传统的以规模扩张来推动制造业发展的方式已经不再可行，我国传统制造业必须要进行转型升级来适应如今的经济发展及社会需求。

3. 我国资源环境条件恶化

由于我国传统制造业产量的井喷式扩张对资源的巨大耗用，以及在扩张期间我国传统制造业的低资源利用率式的生产，最终导致了对资源环境的严重破坏，这就使得我国现在的资源环境十分脆弱。如今我国资源环境对传统制造业的刚性约束力在逐渐增强，过去老的制造业模式已经不再符合资源环境的要求。

4. 我国推行了供给侧结构性改革

供给侧结构性改革的提出是为了解决我国传统制造业模式的相关问题，其主要任务是"三去一降一补"，即去产能、去库存、去杠杆、降成本和补短板。这一政策对我国传统制造业的转型升级提出了改革的一个方向——从供给方面进行质量的变革，这一政策的推行，

促进了我国"软件"的发展，即科技创新的发展，这对我国传统制造业的转型升级有良好的促进作用。

5.新发展理念的兴起

在经济新常态的大环境下，习总书记结合我国经济发展的历史经验，以及国外发达国家的发展轨迹及经验，针对我国经济发展的实际情况，提出了"五大发展理念"，即创新发展、协调发展、绿色发展、开放发展、共享发展。"五大发展理念"引领我国传统制造业以创新发展为引领，同时兼顾协调、绿色发展，开放、共享式的发展。

6.我国传统制造业的发展现状随地区的不同呈现出明显的差异

由于我国不同地区的传统制造业在技术水平上存在巨大的差异，所以我国传统制造业的发展现状呈现出了明显的地区差异。我国传统制造业的发展状况按照地区的不同可以分为三种，即工业化早中期、工业化中期及后期和工业化后期及后工业化阶段。工业化早中期阶段的现状是，当地制造业的基础薄弱，且技术落后，制造业经济发展的增长依赖于原材料等产业的发展。工业化中期及后期阶段的现状是，当地制造业已经形成了一定的发展规模，并且各类生产要素也在逐渐丰富。工业化后期及后工业化阶段变现出的现状是，当地制造业比较发达，且其制造业技术和市场都比较成熟。

这样巨大的技术水平差异严重阻碍了我国传统制造业的科技创新，因为技术水平上巨大的差异导致我国不同地区所设定的制造业发展目标不同，这就导致不同地区设定的科技创新水平不同，所以参差不齐的科技创新目标分散了对科技创新的资金投入、人才投入等，最终导致先进科技的创新投入薄弱。

（二）外部条件

1.国际金融危机后国际经济恢复速度缓慢

自从 2008 年金融危机发生以后，世界经济又经历了美国次贷危机、欧洲债务危机，在经过多次的危机打击之后，世界经济的发展严重受阻；而且，经历过数次危机之后，世界经济长期处于疲软状态，其恢复速度十分缓慢，如今的世界经济虽略有回暖却仍处于缓慢复苏的阶段。所以，现今我国传统制造业的发展是无法依靠国际市场来带动自己的发展的，只能依靠我们内部的调整来进行提升。

2.国际分工格局在加速重构

世界经济在经历了多次危机以后，如今新兴市场产能过剩危机也在逐渐显露出来，这对刚刚稍有回暖的世界经济来说无疑是雪上加霜，世界多数国家都陷入了"低增长困境"。在这样的国际形势下，国际制造业市场在发生重要的变革，国际制造业模式在变革，国际制造业价值链也在发生重大变革。在这样的环境下，发达国家都在进行科技创新，加速其自身的结构性改革，从而尽快抢占新国际分工格局中的有利地位。发达国家的动向也是在加速国际分工格局的重构，在这个过程中，我国可以利用已出现的先进国际科学技术，加速我国传统制造业的转型升级。

三、我国传统制造业转型升级的几点对策

面对劳动力人口结构转变，劳动力成本上升、传统制造业产能过剩现象普遍、资源环境条件恶化以及国际经济恢复速度缓慢这些不利因素，我国传统制造业应该充分利用好新发展理念的兴起以及国际分工格局的加速重构这些有利条件，加速进行转型升级。

面对这些不利因素和有利因素，下面提出了加速我国传统制造业转型升级的几点对策：

（一）增强科技创新能力

由国际制造业价值链的升级趋势可以得知，未来先进国际制造业的价值链分工是由先进的科学技术和消费者的需求共同决定的，其中科学技术占主导作用。例如，如果一个企业具备了先进科技，这个企业就能更好地满足消费者的需求，也就能够占据大量的国际市场份额，从而获得最大利益，进而可以投入足够的资金，从而更好地提升企业的科学技术，如此形成一个良性循环。

此外，我国劳动力人口结构转变，劳动力成本上升、传统制造业产能过剩现象普遍、资源环境条件恶化以及国际经济恢复速度缓慢这些因素，都在要求我国传统制造业进行科技创新。科技创新使我国传统制造业由劳动力密集型转化为技术密集型，从而解决了劳动力成本上升的问题，而且新科技可以提高制造业的资源利用率，从而适应资源环境恶化的硬性约束，并且高新技术还可以提高我国传统制造业在国际市场上的竞争力，同时还可以促进国际经济的发展，所以科技创新是驱动我国传统制造业转型升级的主要动力。

那么为了增强我国科技创新的能力，首先，我们可以利用我国已经提出的供给侧结构性改革政策，促进我国科技创新这个"软件"的发展。其次，我们可以充分借助"五大发展理念"的浪潮，在有利的国家政策下加快科技创新的发展。最后，我们应该借助国际先进的科技来加速我国的科技创新，在国际分工格局重构的当下，抢占先机占领国际分工中的有利地位。

（二）创建科技创新互联网交流平台

为了应对我国传统制造业的发展现状随地区的不同呈现出明显差异这一问题，导致的对先进科技创新人才、资金等投入薄弱的问题，我国在传统制造业科技创新时应该利用互联网建立技术交流平台，以此来均衡我国传统制造业的不均衡发展现状，提升技术水平低的地区的发展速度，从而将更多的人力、物力等投入先进的科技创新中。

在这个互联网交流平台上，以制造业发展技术水平最高的地区作为中心枢纽建立网络联系站点，在其他地区分别选取合适的地点建立网络联络中心，然后以这些网络联系站点为中心，将所有地区的科技创新试点联系起来，同时也将所有的技术人员通过网络联系在了一起，这样无论何时何地，科技创新的研究人员都可以通过验证登录此互联网交流平台，进行技术交流。

第五节　产品内分工与贸易及我国制造业转型升级

产品内分工与贸易的收益来源是经济租金，根据价值链与租金创造之间关系的不同，可以将租金划分为两大类：一类是基于价值链内单个企业创造的租金，包括创新租金、李嘉图租金和垄断租金。另一类是基于价值链内企业群创造的租金，包括关系租金和网络租金。产品内分工与贸易的收益租金大多是后天要素资源的培育、积累及运用的结果。我国完全有能力和有必要利用积极的政策去逐步改变目前在产品内分工与贸易中收益微薄的困局，积极推动我国制造业的转型升级。

20世纪后半期，在科技进步和贸易与投资自由化的有力推动下，发达国家通过外包与垂直FDI等组织方式，将产品生产过程中的低端制造／加工／组装环节大规模转移到发展中国家完成，跨国界的产品内分工与贸易得以迅速发展。加工贸易是发展中国家参与产品内分工的主要形式。改革开放以来，我国加工贸易发展迅猛，长三角和珠三角都已成为全球生产加工基地。然而，我国虽享有"世界工厂"美称，但被长期锁定在产品内分工价值链的低端环节，难以有效控制链上要素定价权与利润分配权，这严重地制约了我国制造业的转型升级及可持续发展。深入探究决定产品内分工与贸易的收益创造和分配的决定因素，提高我国制造业的国际竞争力与租金收益份额，是实现我国由制造大国向制造强国的根本性转型升级过程中必须解决的重大课题。

一、产品内分工与贸易的收益来源

从根本上讲，产品内分工与贸易的收益来源是经济租金。Kaplinsky首先将经济租金引入全球价值链理论，在Kaplinsky的理论中，租金指的是全球价值链中各个功能环节的收益或超额利润。它主要源于各节点企业在控制特定资源的基础上构建的行业进入壁垒。

根据价值链与租金创造之间关系的不同，可以将租金划分为两大类：一类是基于价值链内单个企业创造的租金；另一类是基于价值链内企业群创造的租金。

基于价值链内单个企业的租金创造。对于价值链内的单个企业而言，Kaplinsky认为存在三类租金，分别是源于企业动态能力的创新租金、源于企业独特资源的李嘉图租金和基于市场势力的垄断租金。

（1）创新租金。创新租金，又称为熊彼特租金。他指出，经济发展过程包含产品与生产手段"新组合"的间断性引入。这种"新组合"包括新市场的开拓、新产品的开发、新原料的利用以及产业组织的重新整合等。而企业作为"新组合"的创新主体，能够以生产者剩余的形式获得"新组合"带来的创新回报（创新租金）。这种"新组合"的创新，在一定时期内具有独特的稀缺性，可使创新企业因其竞争对手难以（至少在短期内）复制，而获得大于创新成本的创新收益。由于企业不仅内嵌于地方和国家创新系统，也内嵌于全球价值链，因此从更为宽泛的视角看，内生性的创新租金可分为人力资源租金、技术与设计租金、组织租金、市场营销租金四类。

（2）李嘉图租金。李嘉图最早提出经济租金理论，他认为，农业生产中的土地并不是同质的，那些肥沃的地块由于稀缺而能获得超额利润，即李嘉图租金。在李嘉图的地租理论中，李嘉图租金根源于资源的天然稀缺性，而熊彼特认为这种资源的稀缺性是可以后天创造的。这里的资源不仅包括土地、矿产、人力资源、专利、设备、原材料等有形资源，也包括企业的技术诀窍、长期声誉与营销技巧等无形资源。这些资源（至少在短期内）在企业之间难以流动，不易复制，具有价值性、稀缺性和不可模仿性的特征。其中，价值性表明资源能够为企业创造租金，而稀缺性和不可模仿性则表明资源是企业独有的，即在企业之间是异质的。这种资源或要素的异质性也说明在企业之间存在资源禀赋的差异，资源禀赋越好的企业获得的经济租金会越多。从这个意义上而言，李嘉图租金的创造归结于对稀缺资源的所有权。

（3）垄断租金，又称为张伯伦租金。《新帕尔格雷夫经济学大辞典》将垄断租金定义为"一个具有垄断势力的买（卖）者，如果其潜在的财富由于它对其他潜在的竞争者进行人为的限制而得到增加，那么这种潜在财富的增加就是一种垄断租金。而垄断者能否实现这种财富的增加，取决于设置这些限制的竞争成本高低。比如，对垄断租金的竞争会导致把它们转移支付给设置限制的政治家，而它们又往往耗散于政治家在为争夺这些好处的授予权而展开的竞争中"。张伯伦和罗宾逊夫人指出寡头垄断厂商往往通过价格卡特尔垄断联盟来操纵价格，在短期内获得超过完全竞争利润的超额利润，即垄断利润。更一般地说，在不完全竞争条件下，消费者由于成为价格的接受者，而不得不将其一部分消费者剩余转化成生产者剩余让渡给生产者，从而使其生产者剩余增加。从这个意义上而言，垄断租金是由于企业市场势力导致消费者需求曲线改变而增大的生产者剩余。相应地，这种剩余所形成的租金就是垄断租金。在现实经济中，垄断租金也可以通过新产品开发（产品差异化战略）和生产规模扩大（低成本战略）等形式构建的行业进入壁垒加以实现。

基于价值链内企业群的租金创造。在产品内分工价值链垂直解构所形成的全球生产网络中，价值链中的各个节点企业可以通过协调彼此间的分工协作关系，优化整合整个价值链或网络来形成新的竞争优势，进而创造出新的租金。这种基于链内企业群构建的租金包括关系租金和网络租金。

（1）关系租金。Dyer & Singh 研究了日本丰田汽车全球产品内分工生产网络，发现在汽车制造商与其中间产品供应商之间的关系专用性投资和厂商绩效间存在正向相关关系。由此，他们提出了关系租金的概念，并将其定义为企业之间通过专用性投资和有效的规制结构形成"特质的企业间联结"，并不断进行资源、资产和知识等要素的交易与结合，从而产生大于单个企业收益之和的超额利润。

（2）网络租金。自 20 世纪 70 年代中期以来，产品内分工与贸易的迅速发展，使全球经济发生了巨大的变化，企业由追求内部协同向追求外部协同转变，传统的"扁平"生产过程日益发展成纵横交错的高效全球生产网络。在产品内分工价值链上，关系租金建立在企业间一一对应的产品或服务定制上，一旦这种对应关系转向群落关系，就会形成错综复杂的网络结构而产生网络租金。网络租金主要来源于网络带来的技术外溢效应与交易成本的降低。在网络中，能够产生租金的资源不仅包括信息、资本、品牌、技术能力和管理才能等要素，还包括企业的网络资源或社会资本。企业所拥有的网络关系也是一种独特的、不可模仿的资产，它能使企业获得新的竞争优势而增加交易收益。

二、产品内分工与贸易中单个企业租金收益最大化的决定因素

在李嘉图租金、垄断租金和创新租金三种租金中，创新租金是最根本的租金。企业只有通过持续不断的创新活动，才能形成不易为竞争对手所模仿的独特的专用性资源（李嘉图租金），进而才能以此构建行业进入壁垒，获取垄断租金。

从这个意义上言，企业获取的收益，即租金根源于企业自身的创新活动，但是企业并不必然会占有其全部的创新收益。企业要实现创新租金的最大化，必须使其顺利转化为李嘉图租金，并最终以垄断租金形式加以实现。根据 Teece 的创新收益占有模型的基本思想，在全球产品内分工价值链上，企业创新租金最大化的实现主要受制于以下三个因素：

（一）产业演化、主导设计与技术标准

熊彼特认为，创新就是引入新的生产函数，也即实现"生产要素的重新组合"，以提高经济潜在的产出能力。产业的动态发展过程，就是随着科学技术的不断进步，持续提高企业和产业作为资源转换器效益的过程。创新是产业发展的根本动力，而主导设计又是创新的核心所在。主导设计是特定时期融合了大量的单个技术创新，并为市场广泛接受的占支配性地位的设计。在产业发展初期，市场往往充满了创新的不确定性。创新活动主要集中于产品创新，而产品设计通常是不固定的，因此这一时期会出现大量同类的差异化产品，企业间的竞争主要表现为产品设计的竞争。随着产业的进一步发展，众多竞争性产品设计在经过大量的市场试验和纠错后，最终会推出一个主导设计。一旦主导性设计出现，竞争将由设计竞争转向价格竞争。此时，由于不确定性减少，企业可以进行长期的专用性投资，以充分利用规模经济和学习效应来降低生产成本。同时，企业为了保护主导设计，还会力图将其转变成技术标准。创新企业往往由于掌握主导设计而领导着整个产业的技术标准，或者使本企业的技术标准成为政府规定的技术标准，从而建立起由政府规制与技术标准形成的多重行业进入壁垒，进而在市场竞争中获取高额的创新垄断利润。

（二）激励创新的专属制度

按照 Teece 的观点，专属制度是治理创新者捕获创新利润能力和市场结构等相关环境要素。它在很大程度上决定着创新企业通过技术发明和知识创造获取竞争优势和垄断地位，进而实现创新利润。专属制度可分为正式制度与非正式制度，前者包括专利与版权等

知识产权,后者包括商业秘密、先行者优势和网络外部性的锁定效应等。这一制度最重要的两个维度,分别是法律环境对知识产权与商业秘密的保护效率和相关技术的性质。

对不同产业,知识产权与商业秘密的保护效率各有不同。Von Hippel 通过实证研究发现,在许多行业中,专利在阻止竞争者模仿和获取特许权等方面的作用有限。尽管专利能够很好地保护新的化学产品和相当简单的机械发明,但在总体上很少赋予创新充分的专属性,特别是在过程创新的保护方面相当缺乏效率。并且,由于法律对侵权行为的举证要求很高,而使专利通常不能很好地发挥作用。在某些产业中,特别是嵌入了过程创新的产业中,商业秘密是对专利的有效替代。但是,对商业秘密的保护,也只有在企业将其产品公之于众而仍能掌握潜在技术秘密时才有可能实现。通常只有化学配方和化妆品之类的产业——商业过程才能作为商业秘密得到保护。

相关技术性质的维度是指模仿的难易程度会受技术知识显性或隐性程度的影响。显性知识因较易传递和接受而易被竞争对手获知。而隐性知识则因难以进行明确表述与逻辑说明而难被竞争者所掌握。

根据技术的性质和法律制度对知识产权保护的效率,可将专属制度分为强式制度和弱式制度。当技术知识的隐性程度较高,或技术能够得到有效的法律保护时,专属制度就是强式的。当技术知识的显性程度较高,或技术无法得到有效的法律保护时,专属制度就是弱势的。创新的专属性因产业性质而异。例如,化学产品创新的专属性往往较强,而机械产品创新的专属性一般较弱。在强式专属性创新中,创新者竞争优势相对明显,因此能够获取较多的经济租金。而在弱式专属性创新中,创新者竞争优势相对较弱,只能获取有限的经济租金。

(三)互补性资产

除了主导设计和专属制度之外,互补性资产也是影响创新收益归属的一个重要因素。Teece 认为,在几乎所有的案例中,创新的成功商业化要求将企业的核心知识和其他能力或资产结合使用。诸如营销渠道、售后服务、产品品牌等服务在创新的商业化中几乎是必不可少的,而这些服务通常只能从专门的互补性资产中获取。例如,新药品的商业化可能需要通过一个专门的渠道进行信息传播。后来的学者在 Teece 的基础上将互补性资产明确定义为"企业为了获得某项战略、技术或创新产生的经济效益而必须拥有的资源或能力。"在某些情况下,对于系统性创新,互补性资产可能是该系统的配套产品。比如,计算机需要软件,DVD 播放机需要 DVD 影碟。创新企业必须考虑这些配套产品是自行生产,还是从其他企业那里获取。随着经济全球化的发展,创新企业往往需要与大量的其他企业进行协调来确保配套产品的供应,以便一方面实现最终产品价值的最大化,另一方面尽可能多地获取合作网络创造的关系租金或网络租金。比如,在电子产业中,受产品更新换代的速度和消费者对产品兼容性预期的影响,即使是最大的电子企业,也必须通过建立分布广泛的联盟网络同其他众多企业进行合作,以便及时地将全新的创新理念推向市场。专门的互补性资产通常需要较长的时间才能得到，因此具有很强的路径依赖性和不易模仿性，从而成为创新企业的独特竞争优势。这种专门的互补性资产能够在知识产权保护不力、创新容易向竞争者溢出的情况下，帮助创新企业占有绝大部分甚至全部的创新收益。

三、产品内分工与贸易中企业群租金收益分配的决定因素

在产品内分工与贸易下，跨国公司将产品生产过程的各个价值环节垂直分解到最有比较优势的国家或地区，从而形成了全球性产品内分工价值链。在这种全球价值链中，领导企业通过垂直 FDI 与国际外包等方式构建全球生产网络和商品流通网络，以便控制整条价值链的协调和运行，实现整条价值链总收益的最大化。

如前所述，价值链（企业群）的收益主要来自领导企业的创新租金和内生于价值链的关系租金与网络租金。虽然创新租金基本上为领导企业所占有，但由于价值链中其他参与企业作为其合作伙伴，也对创新产品的开发与生产做了不同程度的贡献，因此除了关系租金和网络租金外，还有部分创新租金也需要在所有参与企业之间进行分配。

价值链中参与企业的讨价还价能力是租金或收益分配的主要决定因素，决定企业讨价还价能力的因素主要有以下四个：

（一）价值链治理与权力分配

学者们的研究表明租金分配与产品内分工价值链治理密切相关。Gereffi 认为在全球范围内，任何一个产业都会受到少数大型跨国公司的控制或治理。这些企业作为领导者或治理者"在全球价值链上承担着产业功能整合和全球不同地区诸多经济活动的协调和控制"。Kaplinsky 指出领导企业的治理能力主要来自其对研发设计、品牌形象和营销渠道等无形的知识或技术密集型环节地占据，这些环节一般具有高壁垒与高收益的特征。而非领导企业则主要居于生产制造等有形的物质投入产出环节，这些环节一般具有低门槛与低收益的特征。Dyer, Kale & Singh 则认为价值链治理实质上是价值链中各个环节权力分布的体现。作为内嵌于价值链的关键要素，权力决定了各个节点企业之间关系的本质。虽然这些企业都是独立的市场经济主体，但是这种法律契约的独立性并不表明它们具有对称的权力。

根据权力分布的不同，可将价值链治理分为两类：依赖型治理与方向型治理。在前者中，各环节或各节点企业的权力分布趋于对称；而在后者中，各环节或各节点企业的权力明显不均衡。由于各节点企业之间的关系主要表现为中间产品或零部件的供求关系，而这种供求关系会从根本上造成权力分布的不对称，所以全球产品内分工价值链一般是典型的方向型治理。这种权力的不对称实际上体现了各节点企业租金分配的不对称，企业权力越大，讨价还价的能力就越强，所能获取的租金就越多。

（二）企业所在生产环节的进入壁垒

一般来说，企业所在环节的进入壁垒越高，表明该环节的市场结构越倾向于垄断，因而企业的市场势力就越大，讨价还价能力也就越强。在产品内分工价值链上，进入壁垒形

成的原因主要有：

第一，要素密集度。在产品内分工价值链上，不同环节或零部件的技术特点不同，因而要求的要素投入比例也不尽相同。大体上说，一个产品的生产过程可分为研发设计、生产制造和市场营销三个基本环节。其中，研发设计环节主要是知识、技术或资本密集型环节，进入壁垒较高，企业的讨价还价能力较强，可以争取到较大份额的收益。而市场营销环节，包括品牌和营销网络等，主要体现为不能编码、难以为他人复制的隐性知识，因此进入壁垒也较高，企业的讨价还价能力也较强。与前两个环节相比，生产制造环节的进入壁垒变动较大，从总体上看，由于生产制造环节的知识、技术和资本含量相对较少，因而进入壁垒相对较低，企业的讨价还价能力相对较弱，获取的租金份额相对有限。但生产制造环节还可进一步细分为核心零部件、一般零部件和加工组装环节。核心零部件、一般零部件和加工组装环节进入壁垒的高度依次递减，各节点企业的讨价还价能力相应下降，所获得的租金份额也就顺次减少。

第二，规模经济。在产品内分工价值链的各环节市场上，新进入企业的产品在没有获得一定的市场份额之前，其产量由于不能达到最佳规模而难以实现规模效益，因此生产成本必然高于在位企业，这就是规模经济壁垒。在一个市场内，实现最佳规模的企业数量与该行业的市场容量和最佳生产规模密切相关。在产品内分工价值链的特定环节上，企业的最佳生产规模和市场容量的大小取决于该环节生产函数的特性。在市场容量较小而企业最佳生产规模较大的情况下，最佳规模的企业数量会较少，因此该环节的市场结构将趋于非完全竞争结构，从而企业的市场势力会较大，相应的讨价还价能力会较强，进而能够获取的租金就较多。在市场容量较大而企业最佳生产规模较小的情况下，最佳规模的企业数量会较多，因此该环节的市场结构将趋于完全竞争结构，从而企业的市场势力较小，相应的讨价还价能力会较弱，进而能够获取的租金就较少。

第三，其他因素。产品差异化、转换成本、信息掌握、专有技术等其他因素也会形成各价值环节的进入壁垒。一是产品差异化。如果产品是标准化产品，购买者相信可以很容易找到其他供应者，就会在讨价还价中持强硬态度。而如果产品是差异性产品，供应者知道购买者在其他地方难以买到，就不会在交易中持强硬态度。二是转换成本。转换成本是指购买者更换供应者所需支付的成本。如果转换成本较大，购买者很难更换供应者，其讨价还价的地位自然就低。反之，其讨价还价的地位自然就高。三是信息掌握。购买者对供应者的成本结构等信息了解得越多，其讨价还价能力就越强。同样，供应者对购买者的库存情况等信息的了解，也有助于加强其讨价还价能力。四是分销渠道。供应者如果占据了某环节中间产品的理想分销渠道，就可以形成对新企业的进入壁垒，从而拥有较强的讨价还价能力。五是专有技术。专有技术或者专门技能将会增加某环节上新企业的进入难度，从而有助于加强专有技术拥有者的讨价还价能力。在产品内分工价值链中的企业，为了实现利润最大化，都会力图由低收益环节向高收益环节攀升。这就需要努力提升自身后天资源禀赋，逐步突破产品差异化、转换成本、分销渠道、知识产权、专有技术等各种形式的进入壁垒，提升自身的市场势力和讨价还价能力，以获取在价值链中的更多租金份额。

如上文所述，产品内分工与贸易的收益租金大多是后天要素资源的培育、积累及运用的结果。我国作为已有 30 年改革开放经验的发展中大国，完全有能力和有必要利用积极的政策去逐步改变目前在产品内分工与贸易中收益分配的困局，积极推动我国制造业的转型升级。

实现市场势力与创新的良性互动，增加分工与贸易收益。研究表明，在产品内分工价值链上，受产业演化与技术标准、专属制度和互补性资产等因素影响，我国制造企业处于链中领导企业或治理企业的严厉控制之下，利润增长空间极为有限。同时，受产品要素密集度、规模经济、产品差异化、转换成本、信息掌握、分销渠道、知识产权和专有技术等因素影响，我国制造企业在链中的市场势力与讨价还价能力在纵向与横向两个维度上均处于明显劣势，因此只能分获极为微薄的租金收益份额。我国制造企业陷入"低端锁定"与"获利甚微"的根本原因，正是企业市场势力与创新能力的双重缺失。

在价值链的纵向维度上，我国制造企业应通过整合全球研发与营销等资源，由制造环节向高端的研发与营销环节攀升。在由制造环节向研发环节攀升方面，我国制造业除了进一步加大自身的研发投入和人力资本投资之外，还要利用发达国家陷入金融危机困局的时机，通过加强各种形式的技术引进、构建国际研发战略联盟，特别是开展技术学习型对外直接投资等方式主动整合全球研发资源，不断提升自己的创新能力，以突破跨国公司的技术壁垒和专利壁垒。同时，对尚未产生国际技术标准的产业，应加紧制定适合我国自身情况的产业技术标准，并利用我国巨大的国内市场实现规模化应用，从而形成进入我国市场的外资企业需要无条件遵循的"事实标准"，以突破跨国公司的标准壁垒，并增强我国企业的市场控制力。此外，在各制造行业内部，企业之间还应加强战略合作，实现优势互补，共同推动自主标准的建设与确立。在由制造环节向品牌营销环节拓展方面，除了通过自建全球营销渠道，与外资企业合作开拓国际市场，以及并购海外品牌、渠道商等方式整合海外营销渠道之外，还应根据自身情况突破贴牌生产的路径依赖，加快自主品牌创新体系的建设，不断开发自主品牌产品，推动低端品牌的性能不断向中、高端方向延伸，逐步扩大市场份额，提高品牌声誉并树立品牌形象。

在价值链的横向维度上，为获取特定环节的分工机会与分工利益，处于该环节上的各参与企业也展开着激烈的同业竞争。为此，我国制造企业应以过程创新、产品与市场创新、组织创新等各种形式的创新为基础加强横向维度市场势力的培育与提升。

推动区际产业转移，协调国内外产品内分工价值链，提升国内企业在价值链（企业群）中的关系租金和网络租金。作为一个发展中大国，我国具有明显的非均衡发展特征，区域间不仅在经济发展与技术水平上存在较大差异，而且要素禀赋也有很大不同。这种区域间的非均衡发展也为国内区际价值链梯度转移提供了可能。因此，为了实现发达地区带动落后地区，提升我国制造业整体竞争实力的目的，在充分发挥各区域自身比较优势的基础上，要通过东部向中西部的价值链梯度转移，重新整合全国的要素资源，铸造国内产品内分工价值链的新优势。在这个过程中，对于我国东部已加入产品内分工价值链的制造企业，不能停留在低技术—劳动密集型环节，而要在积极参与产品内分工的基础上，逐渐向研发设计与品牌营销等高端环节渗透，提高技术与知识密集型的核心零部件的本土化生产水平，以获取一定的价值链治理权，进而通过价值链的国内区际转移，实现跨区域产业的前向与后向关联，构建与完善国内产品内分工与贸易网络。这样，一方面可在东部与中西部之间整合要素资源，协调区域间制造业的发展。另一方面也可由本地企业主动"走出去"，开展境外加工贸易。此时，产业转移成为我国主动整合全球资源，协调国内产品内分工价值链与全球产品内分工价值链的行为。

为此，一是政府要结合东部产业升级与中西部产业发展的要求，从全国产业发展角度统筹规划国内产业价值链转移。通过实施产业转移促进政策来打破地方"截流主义"，通过构建投资促进平台和政策、项目信息交流平台为东部与中西部产业对接创造良好条件，等等。二是政府要遵循市场化原则，以企业为主体，通过利益驱动机制来推动东部产业价值链向中西部的转移。三是中西部要通过集资、贷款、社会融资、利用外资、转让经营权等多种渠道筹集建设资金，继续加强交通运输、信息通信和电力能源等方面的基础设施建设。四是中西部要进一步加强制度建设，营造良好的法治环境，提高地方政府的公信力和契约执行质量，不断降低内迁企业由于不确定性带来的交易成本。

推行基于产品内分工的国际协调型产业政策，实现国家战略利益最大化。在产品内分工与贸易迅猛发展的大背景下，我国制造业的产业结构呈现出明显的外向化与国际化特征。因此，我国制造业必须突破现有基于传统产业间分工方式的产业政策，在制定时仅着眼于本国产业范围的局限，将视野由国内拓展到全球，通过实施具有中国特色的国际协调型产业政策，来获取最优的政策效果，以进一步推动我国制造业的国际化与可持续发展，实现国家战略利益的最大化。

在制定和实施具有中国特色的国际协调型产业政策时，需要做好以下几方面的工作：第一，突出国家制造业技术政策的战略地位，以举国体制抢占科技制高点。当前，全球经济正进入空前的创新密集和产业振兴时代。我国制造业要在这场竞争中实现跨越式发展，必须采取"科技创新举国体制"，通过建立政府主导下国家层面多部门协作机制和合作大平台，加大对具有一定基础和优势、对制造业可持续发展有重大影响的关键技术领域和高新技术领域的产业政策支持力度，以抢占科技战略高地，实现战略性重点产业领域的跨越式发展。第二，推进制造业技术标准制定与国际协调。对尚未产生国际技术标准的产业，应加紧制定适合我国自身情况的产业技术标准，并要求进入我国市场的外资企业无条件遵循，以保护民族产业与国内市场资源，并充分发挥政府产业政策的引导与扶持作用，通过国际竞争与协调，力争将我国自主知识产权的制造业技术标准上升为全球标准。第三，完善反垄断法，支持合法的经济性垄断。为了提升我国制造企业的国际竞争力，在产业组织政策方面，要进一步完善目前的反垄断法，支持合法的经济性垄断，鼓励企业间通过竞争与兼并做大做强，以便充分获取规模经济优势，在更大规模、更高层次上参与全球垄断性竞争。同时，政府也要加大反行政性垄断的力度，以维护产业内公平有序的竞争环境。

第六节　制造业转型升级成效评估与发展

目前，我国制造业正处在从产业链低端向高端"爬坡过坎"的关键性阶段，既有前所未遇的挑战，也有前所未见的机遇。在新一轮的全球产业链重组过程中，我国制造业面临来自欧美发达国家与周边国家的双重竞争压力。"十三五"时期，制造业的转型升级需要在"十二五"时期成效的基础上，按照《中国制造 2025》规划提出的发展路径持之以恒地继续推进，以最终实现从"制造大国"向"制造强国"的质变。

"十二五"期间，我国制造业在复杂严峻的形势下实现了中高速增长。自 2010 年超过美国之后，我国一直保持着全球制造业第一大国的地位。目前我国制造业占全球制造业的比重已近 1/4。在 500 余种主要工业产品中，我国有 220 多种产量位居世界第一，是名副其实的制造业体量上的大国。我国是世界上最大的船舶、高速列车、机器人、隧道、桥梁、高速公路、化纤、机械设备、计算机和手机的生产国。我国拥有世界上最为完整的制造业体系，包括 39 个工业大类、191 个工业中类和 525 个工业小类，成为全世界唯一拥有联合国产业分类中全部工业门类的国家。同时，我国的特高压输变电设备、百万吨乙烯成套装备、风力发电设备和千万亿次超级计算机等装备产品技术水平已跃居世界前列。

一、制造业转型升级的成效评估

从产业经济学角度看，产业结构是一个复杂而具有密切内在联系的复合有机体。制造业的转型升级，从横向来看，首先是指自身的发展；从纵向来看，则涉及制造业与其他产业之间的协调。动态地看，既需要衡量转型升级的过程，也需要考察转型升级的效果。以结构指标衡量，"十二五"时期制造业转型升级的成效体现在六个方面：

（一）发展提质增速

一是工业单位劳动产出上升较快，2015 年全国规模以上工业人均主营业务收入达 117.4 万元，与 2012 年相比，提高了 18.9%。二是高技术产业快速增长，2013—2015 年，高技术产业增加值年均增长 11.4%，增速高于全部规模以上工业 3.4 个百分点；主营业务收入和利润总额年均分别增长 9.9% 和 14.4%，增速分别高出全部规模以上工业 3.6 个和 10.2 个百分点，体现出在创新驱动发展战略下，高技术产业带动作用明显增强。

（二）产业结构呈现积极变化

高技术产业比重连年上升，且上升幅度逐年递增，2013—2015 年，高技术产业增加值占全部规模以上工业的比重依次为 9.9%、10.6% 和 11.8%；装备制造业成为工业比重最大的行业，2015 年在全部规模以上工业中的比重为 31.8%；消费品制造业比重不断上升，

2013—2015 年增加值比重依次为 24.5%、25.1% 和 26.1%；高耗能行业及上游采矿业比重逐年下降，2013—2015 年，六大高耗能行业比重依次为 28.9%、28.4% 和 27.8%，采矿业比重依次为 12.4%、11% 和 8.6%，显示出工业经济发展过度依赖资源的状况正在得到改善。

（三）智能制造成为创新驱动的新引擎

2015 年，新型、智能化、自动化设备和高端信息电子产品成为新增长点。新能源汽车、工业机器人、智能电视和智能手机的产量分别比 2014 年增长 161.2%、21.7%、14.9% 和 11.3%，自动售货机、售票机产量成倍增长，太阳能电池（光伏电池）、光纤、光缆、光电子器件、动车组、城市轨道车辆、安全自动化监控设备和电子工业专用设备等产品产量均实现两位数快速增长。

（四）能源利用效率不断提高，节能降耗成效显著

2011—2015 年，全国单位 GDP 能耗分别比上年降低 2.0%、3.6%、3.7%、4.8% 和 5.6%，降幅一年比一年扩大，累计降低 18.2%，超额完成"十二五"节能减排 16% 的规划目标。

（五）从产业之间的关系看，服务业跃升为第一大产业

2012 年，服务业增加值在 GDP 中的比重为 45.5%，跃升为国民经济第一大产业。2013—2015 年，服务业年均增长 8.1%，比 GDP 年均增长高出 0.8 个百分点；同时，我国服务进出口总额年均增长 14.9%，服务贸易总额已跃居世界第二。

（六）创新驱动作用显著

一是研发经费投入强度再创历史新高。2015 年，我国研发经费投入总量为 1.4 万亿元，已成为仅次于美国的世界第二大研发经费投入国家，研发经费投入强度为 2.10%，已达到中等发达国家水平，居发展中国家前列。二是创新资源进一步向企业集聚，企业创新活力竞相迸发。2015 年，我国企业研发经费占全社会研发经费支出的比重为 77.4%，规模以上工业企业研发经费支出首次突破 1 万亿元。三是科技创新优化产业结构，规模以上工业企业新产品开发为改善产品的市场结构奠定了基础。在我国经济增速换挡期，以电子及通信设备制造和医药制造为代表的高技术制造业总体呈现稳中有进的发展态势，为优化我国工业产业结构奠定了基础。

二、制造业持续转型升级的对策

（一）把智能制造作为转型升级的主攻方向

（1）把握五大发展方向试点推进。根据智能制造特点，分类开展流程制造、离散制造、智能装备和产品、智能制造新业态新模式、智能化管理和智能服务等重点行动。一是针对生产方式的现代化、智能化。在以智能工厂为代表的流程制造、以数字化车间为代表的离散制造领域分别选取 5 个以上的试点示范项目。二是针对产品的智能化，体现在以信息技术深度嵌入为代表的智能装备和产品试点示范，即把芯片、传感器、仪表和软件系统等智

能化产品嵌入智能装备中，使产品具备动态存储、感知和通信能力，实现产品的可追溯、可识别和可定位。三是针对制造业中的新业态新模式予以智能化，即工业互联网方向。在以个性化定制、网络协同开发和电子商务为代表的智能制造新业态新模式中推进，如在家用电器、汽车等与消费相关的行业，开展个性化定制试点；在钢铁、食品和稀土等行业开展电子商务及产品信息追溯试点示范。四是针对管理的智能化。在物流信息化、能源管理智慧化上推进智能化管理试点，将信息技术与现代管理理念融入企业管理。五是针对服务的智能化。以在线监测、远程诊断和云服务为代表的智能服务试点示范。服务的智能化，既体现为企业如何高效、准确和及时挖掘客户的潜在需求并实时响应，也体现为产品交付后对产品实现线上线下服务，实现产品的全生命周期管理。上述五个方面，纵向来看，贯穿于制造业生产的全周期；横向来看，基本囊括了我国制造业中的传统和优势项目。

（2）从机器人智能装备开始突破。智能制造涵盖智能制造装备、智能制造系统和智能制造服务，智能制造装备是智能制造发展的核心突破点。发达国家制造升级的过程中，是以机器人为核心的智能装备作为抓手，我国从"中国制造"走向"中国智造"也不例外。机器人不是简单代替人工作业，实际上是改变人类的生产方式，帮助各行业提高生产效率和产品质量，实现节能增效的现代化生产及管理。一方面，机器人产业的发展与国家从"制造业大国"向"制造业强国"的转型相契合。继 2013 年我国首次超过日本成为全球第一大机器人市场后，国际机器人协会数据显示，2015 年我国工业机器人销量达到 5.6 万台左右，增长 54%，远高于全球工业机器人 27% 的销量增速。在"十二五"期间，国家针对机器人产业出台多项政策，在智能制造的大势下，政策红利有望继续释放。另一方面，90% 尚未实现智能制造的中小企业，将是机器人应用的潜力市场，也是未来的发展方向。目前，我国机器人的主要应用在汽车、电子电气、食品饮料和塑料橡胶等细分行业，但我国作为制造业第一大国，自动化升级所衍生的需求也应实现供给多元化。这一判断是基于对中小企业在智能化升级过程中的比较优势。对于用户个性化和定制化需求，中小型企业有很大的增长空间，其能对产品设计、生产过程和服务流程进行再设计，根据市场灵活动态调整方向，贴近客户需求，从而实现智能化生产的目标。

（二）用先进标准倒逼"中国制造"升级

（1）提升标准水平，建立先进标准体系。一方面，提升国际标准转化率，使得大多数领域的标准最低要求达到国际"及格"线；另一方面，应当加快关键技术标准研制，加快标准更新，促进技术和产品创新，涌现出大量高于国际标准的国内标准，形成一个引领世界发展的中国标准群，推动中国标准走出去，用中国标准走出去带动中国制造走出去，促进中国制造从中低端向中高端升级。

（2）加大标准化改革力度。一是改进政府管理方式。采取负面清单的管理办法，除在危害人身安全、国家安全和生命健康等方面设置强制性标准，需要强制执行、严格管住外，其他方面要让市场发挥更多作用。用先进标准倒逼"中国制造"升级，加快实现标准化改革的目标任务，让标准成为质量的"硬约束"，最终实现倒逼制造业提质升级。二是大力培育工业文化，使行业所有的参与者都能认真严格、善始善终地做好每一个细节，快速提高装备产品的质量和可靠性。

（三）充分发挥服务业对制造业升级的提振作用

（1）深化分工和合作。我国正处在工业化中后期加速发展阶段。从国际经验来看，这个阶段基本是走现代制造业和生产性服务业"双轮驱动"和融合发展的道路。这意味着我国既不能沿用传统制造业和重化工业的老路，也不能脱离工业孤立地发展生产性服务业，而要在分工与互动中选择现代制造业与生产性服务业"双轮驱动"的战略，特别要围绕制造业这个"实体经济"大力发展生产性服务业，把高端服务元素坚实地嵌入制造业之中，通过生产性服务业促进制造业转型升级、推动竞争力提升。

（2）加强产业融合。强化生产性服务业对制造业的渗透与支撑。在现代产业体系之中，物质生产需要有相关生产性服务业的投入，其发展壮大亦将生产性服务业特别是金融资本和人力资本作为先导，通过运用及研发、物流和营销等各环节的协调互动，才能转化为物质财富。随着信息技术的广泛运用，全球制造业正在从"生产型制造"向"服务型制造"转变，生产性服务业已经成为制成品最重要的投入之一。同样地，服务方式的实现、服务行为的完成也离不开制造业、制成品这个物质载体。我国正致力于走新型工业化道路，推进产业升级，最重要的出路就在于大力发展生产性服务业，并促进生产性服务业与制造业的融合与互动发展。

（3）推动产业集聚。打造一批生产性服务业集聚区或功能园区，以服务业集聚策动制造业升级。集聚发展是生产性服务业的重要特点和趋势，纵观国内外制造业发展经验，凡是生产性服务业发达、集群程度高的地区，其制造业也相对发达。我国东南沿海地区与中西部地区相比，并无资源上的优势，但其制造业发达程度远超过中西部地区，就在于它有比较完善的生产性服务业体系和专业化水平较高的生产性集聚区和功能区。正是这种生产性服务业的集聚发展，通过规模化的知识密集型生产服务要素的嵌入，推动了制造业的升级。

（四）继续有效化解产能过剩

（1）不断提升调控政策的科学性和预见性。一是建立产能利用率评估和预警制度。首先，提升宏观经济走势的预测水平，减少对微观经济的直接管制和干预，将现行企业统计、景气指数分析与产能利用率评价结合起来，逐步建立起统一的行业产能过剩评估指标体系和预警系统，让企业和投资者及时准确地了解行业产能及相关信息，理智决策进入或退出市场行为，商业银行据此控制信贷投向和规模，防止投资过度，规避金融风险。其次，改革"总量控制"的产业政策思路以及建立在此基础上的项目审批准入制度，最终改审批制为核准制，并且以能源资源、环境保护和安全生产作为前置性条件，监管方式也应该从前置性审批，转变为事中和事后的过程监管，提高调控水平。二是差异化不同性质过剩产能的调控方法。对于不同性质的产能过剩，需要分业施策、多管齐下。对技术落后产能的企业，依照法律法规关停、淘汰，防止这类企业在市场出现短期需求趋旺、价格上涨时"死灰复燃"。对结构性缺陷导致的"低水平"过剩产能实行"有保有压"的调控措施，利用信贷、财税和价格等经济政策杠杆"扶优汰劣"，引导行业内部结构调整。对因购买力水平低、有效需求不足产生的相对性产能过剩和部分行业出现的阶段性产能过剩，加强规划引导，提高企业集中度，引导企业站在技术进步前沿、顺应产品更新换代趋势进行结构调整。

（2）加大政策执法的力度和权威性。一是建立巡视检查制度，由发改委、工信部等部门组成检查组，定期巡视检查。二是强调行政问责制的使用。从长期看，行政手段与市场调节两种工具的运用是一个此消彼长的关系，市场手段有一个循序渐进的发育过程，现行的体制环境决定了行政手段还不可缺少。

（五）加快配套政策的改革速度

一是深化行政管理体制改革。包括重塑中央和地方财政关系以及改革地方官员的评价和升迁体系。伴随着新预算法的实施，公众支出应该更加透明和更好地得到社会监督以避免地方政府之间通过各种形式的补贴开展投资和经济增长方面的攀比。二是完善财税支持政策。各级财政加大对产能严重过剩行业实施结构调整和产业升级的支持力度，完善促进企业兼并重组的税收政策。三是继续落实有保有控的金融政策。对整合过剩产能的企业，积极稳妥地开展并购贷款业务。大力发展各类机构投资，鼓励创新基金品种，开拓企业兼并重组融资渠道。四是完善和规范价格政策，深化资源型产品价格改革。按照体现资源稀缺性和环境成本的原则，深化水、电、油、气和矿等资源价格改革。对钢铁、水泥、电解铝和平板玻璃等高耗能行业，能耗、电耗和水耗达不到行业标准的产能，实施差别电价和惩罚性电价、水价。五是落实职工安置政策。各级政府要将化解产能严重过剩矛盾中企业下岗失业人员纳入就业扶持政策体系。落实各项自主创业、就业安置政策，切实做好下岗失业人员社会保险关系接续和转移。

第四章　新形势下我国制造业转型升级的对策研究

第一节　产融结合与制造业企业转型升级

金融支持是制造业转型升级的必要条件，也是金融发展的内在要求。产业资本与金融资本结合，即产融结合可以增强产业资本实力，并借助内嵌于金融资本中的专业人才和技术在我国金融系统发展不完善的体制环境中，克服银行体系间接融资模式的无效率和股票市场缺乏直接融资所导致的制造业转型升级困境。基于产融结合模式、机制与效果，针对我国的具体情况将产融结合的模式确定为参股金融机构，清晰地区分了缓解融资约束与增进协同效应这两种产融结合机制，通过对这两种产融结合机制的具体分析，最终发现增进协同效应才是产融结合促进制造业企业转型升级的关键。

工业的本性是创新的和革命的，而转型升级是技术创新和工业革命的基本路径。时至今日，中国的制造业已经到了一个转型升级的关键时期：一是由于人口、资源和环境方面的约束，经济发展进入新常态，新兴发展中国家以要素成本优势与我国抢占中低端市场；二是随着工业 4.0 的日益临近，发达国家纷纷制定了加快高端制造业发展的国家战略以应对新工业革命的挑战，部分发达国家也出现了制造业的回流现象。这两方面的因素都对我国制造业在 GVC（全球价值链）上的定位与发展构成挑战，若制造业不能顺利实现转型升级，则在经济增长的路径上极易落入"中等收入陷阱"。

金融支持是制造业转型升级的必要条件，也是金融发展的内在要求。这是因为制造业转型升级的重点在于以技术创新驱动传统制造业企业和中小型高科技企业能级跃升，而技术创新是一个持续化的伴随着风险与不确定性的动态过程，必然需要大量资金的支持。传统视角主要采取产业资本和金融资本两分法的处理方式，仅仅讨论信贷市场的间接融资模式和资本市场的直接融资模式对企业转型升级的支持。问题在于对制造业转型升级的讨论一直都没有停止，这反映出信贷与资本市场并没有实现对制造业转型升级在金融方面的有效支持，在这样的局面下，亟须寻找第三种支持手段来满足制造业企业转型升级中的金融需求，即产融结合。

产融结合作为一种制度安排，不同于单纯的企业融资模式，其产业资本与金融资本相结合的特殊方式有利于解决融企双方的信息不对等状态，有利于降低融资交易费用、熨平经济周期对制造业企业的冲击、实现规模经济，最终顺利完成制造业转型升级的目标。虽然已有研究讨论了产融结合和企业绩效之间的关系，但仍存在以下两个方面的问题：一是相关的研究较少，缺少强有力的解释，并且企业绩效也并不一定等同于企业转型升级的目标；二是缺少产融结合影响企业转型升级作用机理的分析。因此，本节从产融结合的模式、机制与效果三个维度出发来对这一问题进行研究，立足于现有文献将产融结合影响企业转型升级的作用机理清晰地呈现出来。

一、传统金融支持与制造业转型升级

（一）制造业转型升级路径

近年来，对制造业转型升级的讨论不仅频繁见诸政府公文及新闻报刊，在学界也吸引了很多经济学家及管理学家的注意。虽然既有文献对制造业转型升级的研究被分割为制造业产业的结构调整和企业的战略转变两个方面，但向产业链的高附加值端进行攀升则是研究制造业产业转型升级与制造业企业转型升级的共同特征，并且这一共同特征的转型升级路径被定义为在 GVC（全球价值链）的生产模式下，从生产劳动密集型的低附加值产品向生产资本密集型或技术密集型的高附加值产品转移。

有意思的是，毛蕴诗等对 SSCI 和 CSSCI 近 12 年来所发表的关于企业转型升级的文献进行梳理，大部分的研究所关注的对象主要是新兴经济体，究其原因为转型升级更多地源于发展中国家的现实需求。具体而言，从 GVC 的发展模式来看，相比发达国家，新兴经济体的制造业并不是主动加入 GVC 的，而是被发达国家的主导部门被动俘获进 GVC 的，虽然 GVC 的代工体系有助于新兴经济体实现经济起飞和工业化，但随着迅速提高的专业化程度和日趋加剧的竞争环境，新兴经济体极易被锁入 GVC 的底端，开始一条贫困式的增长路径，转型升级会出现天花板效应。

Morrison et al. 就强调新兴经济体的企业需要进行自身学习和创新来改善自身在全球价值链中的地位。所以，应该将注意力更多地集中到国内的理论研究和现实经验上来。

（二）金融支持与制造业转型升级

最近几年，为了促进制造业的转型调整，中央到地方所颁布的刺激转型调整的产业政策不胜枚举，如熊勇清、侯玲玲仅统计了 1995—2012 年中央及中央各部门所颁布的产业政策，就有 312 份之多，但作用不甚明显。为什么会出现这样的局面？当我们频繁制定促进制造业转型升级的政策却成效甚微时，可能还要更多地反思到底是什么原因制约着我国制造业的转型升级，又是什么因素可以促进我国制造业的转型升级。

刘志彪认为主要原因在于支撑制造业转型升级的优质金融资产长期短缺，导致优质企业不能通过资本市场发展壮大，而西方发达国家的工业化进程中已经出现过六次以上的收购兼并浪潮，这是发达国家产业结构偏差的清除机制。金融对制造业转型升级目标的实现

5

具有明显的作用，这种作用是通过提高资本的配置效率所产生的。申明浩、杨永聪检验了 GVC 下我国制造业转型升级和金融支持之间的联系，发现资本市场的发展可以显著促进制造业转型升级，而信贷市场与制造业转型升级间存在负相关关系。龚强等基于新结构主义的视角所提出的理论框架认为，银行体系适合劳动密集型制造业的发展，金融市场（股票市场）适合资本或技术密集型制造业的发展，若要使金融在制造业转型升级中发挥作用，必须优化银行与股票市场之间的金融结构。

虽然金融支持对制造业转型升级至关重要，但就我国目前金融市场发展的现状而言，长期内对制造业的支持可能依然会以银行体系为主导。在银行体系不能为制造业转型升级提供优质的金融资产，股票与债券市场的发展很难为制造业转型升级提供支持时，如何将现有优质的产业资本盘活，使之建立与金融资本之间的联系，才是制造业转型升级金融支持的关键，而产融结合的方式可以克服银行体系间接融资模式的无效率和股票市场直接融资缺乏所导致的制造业转型升级困境。

二、产融结合模式

产融结合涉及产业资本与金融资本的融合，因其两种资本的所有者在大多数情况下都不一致，所以一般的狭义观点认为，产融结合是指产业资本与金融资本各部门在经济运行过程中为了共同的发展目标和整体效益通过参股、持股、控股和人事参与等方式而进行的内在结合。其中的产业资本部门通常为市场中的传统实业部门，而金融资本部门主要为银行、证券、财务公司等金融机构。产融结合在不同国家、不同经济制度、不同发展阶段下都存在不同的模式。实际经验显示，全球范围内基本上存在"由产及融"和"由融及产"两种方式，由于我国政策法规的限制，银行业不能投资实业，所以现阶段我国的产融结合主要是由一些大型产业集团所主导，即"由产及融"。日本和德国的产融结合模式主要为银行主导型，即"由融及产"，部分原因在于"二战"后美国占领当局的影响。当然，日本的主银行制度也是导致"由融及产"模式的主要原因。美国的情况较复杂，现阶段"由产及融"和"由融及产"两种模式并存，但实际上美国的产融结合则历经产融单向结合到双向结合的历史发展轨迹。《1933 年银行法》的出台将商业银行的传统金融业务和投资业务进行了隔离，就已经在操作空间上杜绝了产融的双向结合模式。在 20 世纪 50 年代，企业发展需求和金融创新导致美国出现银行持股实业企业的特殊银行持股公司，从而为银行可以投资和收购实业企业奠定了产融结合早期的双向融合基础，但在政策上《1933 年银行法》依然没有被废除。直到 20 世纪 80 年代，混业经营兴起，许多实业企业也开展了多种多样的金融业务，其中最为著名的为 GE 为消费者提供消费者信贷服务。在 20 世纪 90 年代，《1933 年银行法》名存实亡，最终被 1999 年《金融服务现代化法案》中废除金融分业经营的条款所取代。

广义上，产业部门从金融部门所得到的贷款，或者产业部门通过上市过程来筹措所需资金都可以被归类为产融结合。随着市场化程度的加深和金融创新的推陈出新，实际上产融结合的发展形态和外延也在发生变化，窦尔翔等从一个广义的深层次角度出发，认为产融结合实际上是一个货币流动性转换的过程，从融资方的角度看产融结合就是通过放弃部分收益，获得流动性或者稀缺的管理能力，从投资方角度来看进行产融结合就是通过放弃流动性，获得收益、控制权或者定价权。若以这种广义视角来对产融结合进行辨析，则任何金融工具和金融行为的出现都是产融结合的产物，信贷、股票、债券到资产证券化和企业并购重组无不涉及产业资本与金融资本的转化与结合，这些正是货币流动性转换的产融结合动态过程的具体体现。

三、产融结合机制

如果以广义上的产融结合来研究其在制造业企业转型升级中所能发挥的作用，会陷入传统金融支持与产业转型升级的理论范式中。毕竟，产业不同于企业，如果以产业的视角来研究企业的转型升级，则最后所得到的结果不会具有微观上的稳健效力。此外，由于我国在政策层面规定了"由产及融"这种产融结合的操作模式，那么由制造业企业来参股金融机构也较易于度量。因此，大部分研究产融结合与企业关系的文献还是采取了传统的狭义视角，其影响企业转型升级的机制主要是通过参股金融机构是否会缓解企业的融资约束，或是通过产业部门与金融部门结合所产生的协同效应来增进企业的经营绩效。

（一）缓解融资约束

企业的转型升级必然需要大量的资金支持，由于金融系统发展的不完善以及融资渠道较为单一，长期以来我国企业的融资途径主要来源于银行，通过间接融资的方式来获取企业发展所需的金融支持。间接融资必然存在信息不对称的问题，企业在向银行申请信贷支持时在政策管制、担保机制不健全等因素的共同作用下，企业合意的融资需求必然无法得到满足。因此，只有这种间接融资的外部关系转化为企业内的产权关系，才能化解融资约束问题。并且，缓解融资约束的作用机理主要通过以下几个方面来实现：

第一，企业通过股权投资与金融机构建立联系可以直接影响金融机构的信贷决策。郭牧炫、廖慧发现民营企业，杜传忠等发现工业企业参股银行都会显著作用于信贷决策，缓解企业发展过程中的融资约束。

第二，产业部门通过参股金融机构的决策进行金融，会致使行业进入金融行业关系网，参股的金融机构在数量、种类方面的差异将巩固在金融关系网内形成的产业部门与金融部门的信任机制。李维安、马超发现，实业企业参股的金融机构既包括银行，也包括证券、保险、信托、财务等非银行类金融机构，参股种类越多，参股比例越高，融资约束的程度会进一步降低。

第三，产业部门通过参股非银行金融机构，会将传统意义上的融资信贷关系转变为信贷证券化关系，从而会加速产业部门的信用扩张。杜传忠等发现，参股证券机构的工业企业上市公司在综合效率、生产效率、效率稳定性方面都显著高于参股银行的工业企业上市公司。

（二）增进协同效应

协同效应是基于企业并购的角度所提出的，一般被认为处于不同行业的企业合并后所带来的整体效益要大于合并前作为单独两个企业所产生的效益之和。产业部门参股金融机构这种产融结合模式之所以能够通过协同效应来对企业的转型升级造成影响，就是因为产业资本与金融资本处于不同的行业，两者之间的融合会带来一定的业务互补性。并且，这种业务上的互补性又通过在三个层面上发挥作用来促进企业的转型升级。

第一，产融结合协同效应的发挥是通过参股金融机构所构建的融资平台来实现企业在规模和业务上的扩张，或者称管理协同。这是因为在市场经济条件下，企业发展的目标是为了追逐超额利润，可以通过规模壮大来实现规模经济、引进先进技术来占领市场等手段来实现自身的发展目标。而产融结合协同效应的发挥正是通过金融资本所构筑的融资平台来实现上述目标，从而带来企业在价值链上的攀升。当企业规模到达一定阶段，定会通过多元化的发展战略来实现自身发展的目标。

第二，产融结合协同效应的发挥是通过将企业外部金融活动内部化，从而带来交易费用的降低，或者称财务协同。新制度经济学认为，企业和市场都是配置资源的不同方式。当企业在发展过程中的资本运营面临较高的交易费用时，其会考虑将市场上业已存在的资本运营方式内部化，从而降低自身转型升级资本运营过程中的交易费用。在我国现有的实践中，进行产融结合的大部分都为上市企业。这是因为上市企业一般在资产规模、市场占有率、运营手段上都优于未上市企业，而交易费用却高于未上市企业。随着企业的进一步发展，当外部市场的交易费用高于企业内部的交易费用时，产业资本就会和金融资本建立除信贷关系之外的产权关系，从而将外部市场的交易费用内化为内部企业的交易费用，以此来降低发展过程中的交易费用。

第三，产融结合协同效应的发挥也可以通过参股金融机构所能获取的超额利润来实现。由于金融业处于产业链的较高层级，当产业资本的业务收益下降时，可以用金融资本所产生的业务收益来弥补，从而实现两者之间的优势互补。但也有学者不认可这种观点，如实业企业进行产融结合后，企业规模远远超出了自身管理水平相适应的最优治理结构，导致协同效应无从发挥，最终只是以"产融结合"之名行"财务投资"之实，带来的可能就不是利润增长而是风险叠加。如谢家智等就认为制造业企业金融投资行为会削弱制造业的发展基础，并认为目前我国制造业创新能力弱化及预期盈利能力固化吸引制造业企业将产业利润加速向金融资本转移。

四、产融结合效果

产融结合通过缓解融资约束和增进协同效应来促进企业的转型升级，但实际上现有对产融结合与企业转型升级的研究依然还是采取两分法的处理方式。一类是研究产融结合是否缓解了企业的融资约束，另一类则是研究产融结合是否提高了企业的经营绩效，而对于企业经营绩效的衡量实际上等同于产融结合所带来的协同效应。

（一）通过缓解融资约束来促进转型升级

如果把小型养老服务机构"嵌入"社区，老人既可以不离开熟悉的生活环境，也能让子女随时探望，还可根据个人需要接受"短期入托"或"上门护理"等服务，这样是不是就让居家养老的难题迎刃而解了？这种模式，就是当下悄然兴起的社区养老。它集中了居家养老和机构养老二者的优势，以社区为依托，通过盘活周边的养老服务资源，在不脱离老人熟悉的社会关系和生活环境的前提下，为老年人提供专业化、个性化、便利化的养老服务，被誉为"一碗汤距离"的养老。

虽然对于不同国别之间企业参股金融机构的比较都会发现产融结合会显著缓解企业自身发展过程中的融资约束，但这种缓解了的融资约束是否促进了企业的转型升级呢？虽然鲜有涉及这一方面内容的研究，但部分文献还是从过度投资的角度分析了两者之间的联系。郑立东、程小可以具体的企业作为案例对象，系统剖析了在经济环境波动的冲击下，企业参股金融机构的产融结合行为虽然可以缓解企业的融资约束，但会成为企业过度投资的催化剂，主要原因在于过度投资的方向为脱离主业的其他行业，如房地产。罗劲博将研究的重点集中于产融结合与过度投资的关系上，使用2006—2012年上市公司参股非上市金融机构的数据发现这两者之间存在显著的正相关关系，并认为造成这种结果的原因在于上市公司与地方政府的政治关联。

究其原因，则是在于大部分研究主要是从实证的角度出发，关于企业转型升级的衡量受限于指标的选择。虽然多数研究将企业转型升级的路径定义为GVC下所生产的产品向附加值高的环节攀升的过程，但还缺少真正能在实证层面选取特别恰当的指标来定义企业的转型升级。所以，通常意义上使用企业经营绩效来对企业的转型升级进行间接代理，而企业的经营绩效不仅包含企业的盈利能力，企业在投资方面的决策所产生的风险水平也是企业经营绩效的重要组成部分。所以，应重点从产融结合增加协同效应的角度来研究产融结合是如何作用于企业的转型升级的。毕竟，协同效应方面的管理协同、财务协同、获取超额利润相比缓解融资约束下的投资风险水平更能代表企业在经营绩效方面所产生的变化。

（二）通过增进协同效应来促进转型升级

产融结合协同效应的发挥集中于管理协同、财务协同、超额利润三个方面。蔺元以2001—2007年参股非上市金融机构的上市公司为研究对象，其所定义的企业经营绩效的指标包含盈利能力、偿债能力、收益质量、资本结构和协同效应五个方面，并将产融结合的协同效应限定为管理协同和财务协同，分别使用管理费用、财务费用和营业总收入的比例来定义协同效应的两个维度。使用Wilcoxon检验比较产融结合前与产融结合后企业绩效五个组成部分的变化，结果显示，与协同效应相关的管理协同、财务协同、超额利润（盈利能力）三方面均没有发生显著的变化，但当参股金融机构的比例上升到 20% 之后，协同效应的超额利润得到了显著提升，管理协同和财务协同的成本显著下降。张庆亮和孙景同认为 10% 为企业参股机构是否会显著增加经营绩效的临界值，其主要涉及协同效应中的超额利润方面，具体使用每股收益和净资产收益率来表示企业经营绩效的变化。实际上，目前的上市企业，参股非上市金融机构比例小于 10% 的依然占绝大多数，并且金融机构大部分为银行。吴利军、张英博的研究认为目前我国产融结合形式单一、结合程度较低是导致企业长期绩效提升的原因。

这类文献从产融结合参股比例、参股金融机构种类的角度出发，在研究方法上采取参股前后的比较方法来分析是否产融结合会提升企业的经营绩效，主要针对的是参股金融机构的企业。虽然可以比较出产融结合的影响，但依然存在两方面的问题：

一是这种影响究竟是因为产融结合通过协同效应提高了企业的经营绩效，还是在时间维度上随着企业的发展，企业的经营绩效得到了提高？实际上，对于产融结合影响的测度可以通过实证分析方法的改进来得到验证，倾向随机匹配法和双重差分模型是研究这一问题较为恰当的工具，因为产融结合和企业转型升级之间存在很强的内生性关系，一般意义上，规模较大、处于产业链较高层级的企业更有可能通过参股金融机构来实现产融结合。不同于参股金融机构，何婧、徐龙炳的研究使用上市公司举牌的数据，通过倾向随机匹配法和双重差分模型来检验是否举牌提高了上市公司的运行效率。

二是产融结合协同效应在管理协同、财务协同、超额利润三个维度上对企业转型升级的作用机理却依然不明了。究其原因主要在于产融结合解释变量的选择和企业转型升级指标的选择在一定程度上存在交叉，如通常使用企业经营绩效来代理企业转型升级，而产融结合协同效应三个维度在既往的研究中就被视作企业经营绩效的组成部分，所以亟待通过对解释变量和被解释变量的指标加以区分。项国鹏、张旭使用随机前沿模型测度了 2005—2011 年间我国制造业上市公司的产融结合效率，其将来源于柯布 - 道格拉斯生产函数的企业技术效率定义为产融结合效率，基本符合企业转型升级的内涵和外延。近些来年，一些研究也正在尝试探讨产融结合促进制造业转型升级的作用机理，如 Ongena and Penas（2009）发现企业的要素生产率随所有权的变更而上升，主营业务的要素生产率上升得更快。Pananond 发现发达国家在发展中国家的子公司只是被动的嵌入发达国家跨国公司所主导的全球价值链中，其转型升级目标的实现是通过跨国投资并购所实现的，这一产融结合行为不仅能够使其获得自身内部优势，而且有利于提升其在全球价值链中的地位。支燕、吴河北从动态竞争的角度分析了企业产融结合动因，认为学术界目前对产融结合动因的研究仅仅是在借助新古典经济理论对其产生的必然性进行论述，经过 100 多年的发展，产融结合方式的金融资本一方已由银行转变为各类金融机构的多种形式，产融结合的目的也并非缓解融资约束，而是通过产融结合的方式来实现企业向价值链纵深发展的目标，最终促进企业的转型升级，这就要求我们不能依然仅仅停留在是否参股金融机构这个层面来看待产融结合。

如前所述，现有的关于产融结合与制造业转型升级关系的研究大多集中于考察制造业企业参股金融机构对其自身经营绩效的影响上，但从现有的文献中并没有发现清晰且一致性的结论。一是源于现阶段学术界对产融结合如何促进制造业转型升级的研究尚处于起步阶段，对产融结合组织模式如何推动企业提升竞争优势的内在动力及其演化过程缺乏有说服力的理论阐释。二是源于产融结合的发展形态和外延随市场化程度的加深和金融创新的推陈出新在发生变化，导致更加难以把握产融结合的不同模式促进制造业转型升级的演化过程。三是在现有研究的学科分类中，研究制造业行业的转型升级与制造业企业的转型升级并不尽然相同，关于制造业行业转型升级的研究集中于产业经济学领域，而关于制造业企业转型升级的研究又基本上集中于管理学领域，多是以案例的微观分析来讨论企业的转型升级战略是否成功，但因企业类型、转型升级战略形式多变，不能像经济学的研究可以在一个一致性的框架内讨论制造业的转型升级。最后，可能复杂多变的外部经济环境、形式多样的内部公司治理结构等也会左右企业的产融结合行为，从而导致这些文献无法将产融结合影响制造业转型升级的作用机理清晰地还原出来。

针对这几点，本节基于产融结合的模式、机制与效果对现有文献进行了梳理。在模式上，将产融结合确定为我国的由产及融、日本等国家的由融及产、美国的双向融合三种模式，并将本节对于产融结合的分析重点集中于我国上市公司参股非上市金融机构上。在机制上，将产融结合促进企业转型升级的机制确定为缓解融资约束与增进协同效应，缓解融资效应的发挥是通过上市企业和金融机构建立横向连接来实现的，协同效应的增强是通过参股金融机构后所带来的管理协同、财务协同、超额利润来实现的。在效果上，笔者发现缓解融资约束并不能促进企业转型升级的顺利实现，而产融结合所带来的协同效应才是企业能否顺利实现转型升级的关键。

虽然产融结合可以通过协同效应的发挥来促使企业顺利实现转型升级，但依然还需要实证方法上的创新、解释变量与被解释变量的严格区分方面做出有益的探索，才能进一步地明确产融结合协同效应促进企业转型升级的作用机理。

第二节　工匠精神与中国制造业转型升级

随着社会经济的发展，我国的制造业也得到了快速发展，走向世界，我国成为制造业大国。"工匠精神"是现代工业制造业的灵魂，体现着追求卓越，精益求精的精神。在发展的新时代，全球竞争异常激烈，中国制造业面临严峻的考验与挑战，需要转型升级，进入新的发展，本节就创新和"工匠精神"如何引领中国制造业的转型升级进行探索。

制造业的发展是一个国家生产力的体现，是区别发达国家和发展中国家的重要因素。在发达国家，制造业在国民经济中占据重要的份额。随着时代的转型发展，也更加重视制造业的转型升级，不断地创新，努力成为知识型、技术型和创新型高素质劳动者，展示中国工人阶级新时代的新风采。这是时代的要求，也是制造业发展的目标。创新是发展的首要要求，"工匠精神"也将成为中国制造业的软实力。

一、工匠精神

（一）概念

工匠精神也可以说是一种职业精神，体现了职业道德、职业能力以及职业品质，工匠精神包括敬业、精益、专注、创新等方面，是社会文明进步的重要尺度，也是中国制造发展的精神源泉，对企业的竞争和员工的成长有着积极的作用。

制造业是机械工业时代对制造资源按照市场的要求，通过制造过程，提供人们生活生产需求的相应产品的行业。工匠精神在现代制造业中，也就是生产者、设计者，在技艺和流程上精益求精，追求完美，以质量和品质赢得信赖。所以，"工匠精神"是现代制造业发展的灵魂，2016年的《政府工作报告》中指出："要重视工匠精神，要让工匠精神引领中国制造业的转型升级。"当前，我国发展已经进入了新时期，先进的技术设备被应用到企业的发展中，需要进一步实现转型升级，加强技术的创新，提升品质，创造品牌，以此提高中国制造业的整体水平。

（二）工匠精神

工业强国一般对工匠精神都非常重视，重视其产品与品牌以及质量。如德国，他们的产品质量、品质享誉世界，他们对产品的精细度要求非常高，这样逐渐形成了工匠精神，其工匠精神也是德国制造业成功的重要内涵，也是这种精神让德国制造得到了快速的发展，让其在欧洲经济困顿的时期仍能稳定发展。这也说明制造业在国民经济中占据了重要的份额。

我国也在不断地把工匠精神作为发展的主要内容，不断地创新改进，追求完美。比如天宫二号的发射成功，离不开长期以来的工匠精神，是许许多多的科技人才不断探索、不断改进、追求完美的结果。我们的大国工匠李一枪，充分发挥了匠人精神，手握焊枪，以精湛技能打造最安全可靠的中国制造高速列车。类似的工匠还有很多，如历史上著名的能工巧匠鲁班，他们之所以成功是因为在不断地追求匠人精神，用自己的智慧和双手缔造完美。

"中国制造业转型升级的根本出路就在于创新，要使创新成为驱动发展的主要动力，实现从要素驱动、投资驱动转向创新驱动的根本转变。"这是工业和信息化部长提出的转型升级思路。在国际金融危机之后，全球经济开始深度调整，我国的经济也进入了新常态，其中制造业的转型升级已经成为转型升级的重要方向。从国家的角度来分析，随着科学技术的发展创新，新一轮的技术革命兴起，产业变革已经不可阻挡。当前已进入信息化的时代，各种信息技术被广泛地应用，其中就包括互联网技术、云计算、大数据等。信息技术改变了社会生产方式，给制造业带来新的发展，传统的生产组织方式以及营销模式都发生了巨大的变化，大规模个性化定制、网络化协同、云制造等新模式、新业态不断涌现，极大地优化了劳动力、资本、知识、信息等生产要素的配置，传统产业实现了提升和改造。根据我国实际国情，改革开放40年，我国的制造业也进行了升级改造，但是随着国民经济的发展、人们生活质量的提升、生活品质的改善，基本的生活保证已经不能满足人们的需求，更加追求品质和质量，当前制造业的发展已经落后于实际发展需求，所以必须要实现创新，促进制造业的转型升级。

我国的制造业已经进入转型升级的关键时期，随着发展，以企业为主体，一些新型的体系被研究，一些创新的成果也在不断地涌现。要根据我国制造业的实际发展情况，发现其存在的短板和弊端，不断深入创新优化。我国制造业当前主要面对的问题：首先是政策方面，制造业的转型升级已经引起了国家的重视，也给出了支持和肯定，但是在实际的执行中却还存在落实不到位的问题，制造业企业的受惠面偏小。然后是激励机制问题，有效的激励机制可以调动人才的积极性，有利于发挥人才的创造性，提高创新能力，创造一个积极的工作环境，人才、信息、风险资本等创新要素自由流动并高效配置的机制需要进一步完善。所以，其激励机制还需要进一步的完善和优化，发挥其实际作用。其次从服务体系来讲，在新时期，就要跟随新潮流，当前制造业企业的公共服务平台需要完善加强，一些高科技的新型设备缺乏，资源开放共享程度不够，而且在技术水平上还需要进一步的提升。前几年出现的中国游客在日本抢购马桶的现象，就能体现出中国制造业的一些问题。最后从社会环境来讲，不具备创新性思维，工人的社会地位以及收入的水平相对较低，追求卓越、精益求精的工匠精神弱化。

二、中国制造业探索工匠精神的路径，实现转型升级

（一）创新和工匠精神的延伸

创新与工匠精神，离不开专注，也离不开对每一种产品质量和价值的高度关注。德国产品之所以能够享誉世界，就是其对产品研究的专注，可以发现德国产品的更新并不快，也没有出现瞬间暴富或者成为焦点的现象，凭借的就是专注。在实际的制造业发展中需要加强质量的监管，加强知识产权的保护。对于好产品的追求是无止境的，它来自对每个细节的打磨和探究，基于一种将细节做到极致的欲望，需要全身心的投入。工匠有着更为深远的意思，只有具有工匠精神，设计研发人员才会对产品不断钻研思索、不停打磨探寻，在一点一滴的积累中实现技术和工艺创新。首先，需要强化研究成果与制造能力的转化，通过扭转基础研究转换现实生产力的不利局面，缩小研发与企业需求的差距，加快技术转化速度。其次，需要促进劳动力的发展，通过政企合作，加大人力资源开发，培育制造业各领域所需的人才；最后，需要支持"制造创新机构"稳定持久发展，通过商业模式运用，打造"制造创新机构"的生态系统，将产学研紧密结合，促进"中国制造"的技术化、高端化。

（二）弘扬工匠精神

随着社会的发展，对制造业也提出了新的要求，培育和弘扬工匠精神是制造业发展的必然要求，工匠精神有助于产品品质的提升。《中国制造 2025》指出了制造业在发展新时期的发展地位，它是国民经济的主体和科技创新的主战场，是影响国民经济的主要内容，所以就必须发挥工匠精神，提高自主创新能力，推动我国的制造业向着制造强国迈进。大力弘扬工匠精神，制造精益求精，打造"中国品牌"，推动中国经济发展进入质量新时代。

培养工匠精神，教育行业要身先士卒，根据实际的要求创新教学，重视实践教育，满足社会对其的实际需求，要培养其匠人精神。另外，企业要完善对工匠的管理体制，制定机制，激发其创造性和积极性。

其具体的措施：（1）完善国家制造业的体系建设，进行体制机制的创新，重视高校新型实用型人才的培养。根据我国制造业的实际发展和对人才的需求以及技术的要求来进行人才的培养，与高校建立校企合作，培养出专业性的应用型人才。另外还要重视对新型材料、新型设备的研究，为逐步实现自动化不断地探索。（2）提高技术水平，对一些新型的设备进行研发，向着信息化、数字化、智能化的方向发展。针对一些重点装备的技术和产品要不断优化，突破重点领域发展的基础性瓶颈，要开展示范应用，建立奖励和风险补偿机制。

（三）重视现代工匠的培养

"中国制造"要向着"中国创造"改变，就需要不断创新，推陈出新，促进制造业的升级，那么其中主要的一部分就是工匠，培养现代工匠是必然的。加强人才的培养和制造队伍的建设，当前的核心竞争力就是技术和人才，人才是创新的第一资源，培养一大批具有创新精神和国际视野的企业家人才，各行各业各领域的技术创新的专家型人才，具有先进理念的高级经营管理人才，加快建设多层次的制造业创新人才队伍。在先进技术上，要以人为本，要重视工匠的培养发展。进行科学技术的创新与改造，不断地突破制造难点。让工匠精神成为工匠的主流精神和主体意识，一个企业要服务好技术工人，重视群体的成长发展，学历提升与技能提升并重，完善"技能培训、技能帮带、技能竞赛、技能晋级、技能激励"，尊重职工首创精神，激发职工的创新热情，鼓励职工开展经济技术创新。

另外，需要完善激励机制，充分调动人才的积极性和创造性。积极发挥出工匠的创新力，如开展发明、创新建议等活动，并且能够邀请对应的技术专家来进行技术指导，提高工匠的技术能力，能够引导其创新的思想。要大力宣传和弘扬工匠精神，让其得到社会的认可和重视，让工匠享有本该属于他们的尊重和敬意，努力在全社会营造尊重劳动、尊重技术、尊重创造的良好氛围。

本节主要探索了创新和工匠精神如何引领中国制造业转型升级，首先对工匠精神的概念进行阐述，列举了世界上和我国比较著名的工匠精神发挥的例子，然后分析了当前我国制造业的发展现状，根据发展现状探讨创新和工匠精神如何引领中国制造业的转型升级，这需要弘扬工匠精神和重视培养现代工匠，加强品牌创设，提升产品的质量和品质，让我国制造业向着制造强国发展，从而提升国民经济水平。

第三节　我国装备制造业转型升级发展

我国装备制造业的转型升级是实施"十二五"规划纲要的重要任务。本节通过对装备制造业在国民经济中的基础作用、世界装备制造业的发展趋势和我国装备制造业发展现状的研究，提出加强科技立法、制定技术政策和规划引导，发展中场产业，转变技术创新模式，引发企业家技术创新激情等促进我国装备制造业转型升级的发展对策。

装备制造业是为国民经济和国防建设提供技术装备的基础性、战略性产业，具有产业关联度高、社会需求弹性大、技术密集和资金密集等特点。实现我国装备制造业的转型升级，是提高我国综合国力，实现中国制造向中国创造转变的重要环节。

全国人大批准的国家"十二五"经济社会发展规划，确定了中国制造业"加快产业结构调整、由制造业低端向高端转变"的发展目标。这为加快我国装备制造业的转型升级提供了强有力的政策保证和发展机遇。

一、装备制造业在国民经济中的基础作用

装备制造业是为国民经济发展和国防建设提供母机装备的基础性产业。我国装备制造业已经形成门类比较齐全、规模较大、具有相当技术水平的产业体系，成为国民经济发展中的支柱产业。《国务院关于加快振兴装备制造业的若干意见》（国发〔2006〕8号）自发布以来，我国装备制造业加快了发展速度，特别是重大技术装备的自主创新水平得到显著提高，参与国际竞争的实力进一步提升，部分产品的技术水平和市场占有率已经跃居世界前列，成为举世瞩目的装备制造业大国。装备制造业的各项经济指标占全国工业的比重高达20%以上。20世纪90年代，当我国GDP的年均增长率为7.8%时，装备制造业年均增长率为17.6%，比GDP的增长速度高出9.8个百分点。2006年，全国规模以上装备制造企业8.3万家，工业增加值2.3万亿元，占全国规模以上工业增加值28.8%；资产总计达7.3万亿元，利润4536亿元，分别占全国工业的25.1%和24.1%。

据统计，2006年国内自主创新型装备制造业企业占制造业总数的51.24%，装备制造业引进国外技术支出占制造业总量的55.93%，技术消化吸收支出占制造业总量的65.45%，新产品生产及专利新产品产值占制造业总量的66.53%，新产品销售收入制造业总量的65.81%。这些说明，我国装备制造业的自主创新能力高于其他制造行业，带动了制造业整体技术水平和全国贸易出口额的提高。

装备制造业承担着为国民经济各行业提供装备的重任，带动性强，波及面广，其技术

水平不仅决定了其他产业市场竞争力的强弱,而且直接影响着国民经济的运行质量和效益。用先进装备改造传统产业是实现产业结构升级的根本手段,因此,装备制造业的转型升级在经济增长方式转变过程中具有至关重要的作用。

二、世界装备制造业的发展趋势

我国建立的社会主义市场经济体制,为国民经济发展与世界经济发展趋势接轨提供了保证。我国装备制造业由"中国制造"向"中国创造"的转型升级已经开始。因此,了解世界装备制造业整体发展趋势对加快我国装备制造业发展显得尤为重要。

(一)产业集群化

龙头企业发挥主导作用,带动具有特色的中小企业集群发展是当今世界装备制造业的一大特色。企业的集群化发展,细化和优化了产业链的分工,促进了产、学、研、用、金的结合。由于充分发挥了龙头企业和中小企业的各自优势,大大缩减了产品开发和制造的成本,因而提高了企业的自主创新能力和市场开拓能力,促进了地区制造业平台的形成。比如美国硅谷的电子设备产业群、德国索林根的刀具产业群、斯图加特的机床产业群等,都是世界上较为典型的产业集群。

(二)行业信息化

行业信息化主要表现为通过对产品制造过程的信息控制,来实现产品制造的高速、精密、智能、简便,达到提高劳动生产率和产品质量、降低成本的目的。经过信息化改造的装备制造业产品的生产过程,不再单单依靠体能和机械能,而是以智能为主导的全新工艺。装备制造业的信息化主要表现在:通过在企业生产过程中运用 CAPP、CAM、CAD 及 PDM 等信息技术实现自动化生产;通过在企业管理中运用 MRP、MRP Ⅱ 及 ERP 等信息管理技术,使企业实现现代化管理;利用 CMIS 等计算机综合集成制造系统,实现企业的信息集成、产品设计、制造和管理一体化;通过网络技术,将企业内部信息扩展,实现企业制造技术与信息技术的有效融合。

(三)服务经济化

装备制造业发展的另一个趋势是,将产品的开发、生产、售后服务、报废和回收的过程全部纳入服务范围,使产品服务由单纯的售后服务,扩展到广义的服务经济。装备制造业进入成熟阶段以后,用户对产业的需求主要是服务。目前,欧美装备制造业市场构成的40% 以上、利润构成的 60% 以上来自服务收入。服务不仅有利于产品保持品牌特色,增强市场竞争能力,更重要的是保持了客户源,延长了企业的产业链,获取到更大的产业利润。国外装备企业越来越重视依靠服务来扩大经营的增值空间,如美国通用电气公司,不仅为自己的用户,而且为竞争对手的用户提供服务。该公司把服务作为一个独立部门经营,服务所创造的价值相当于其海外工程承包总额的 70%。

（四）产品品牌化

产品有了品牌，就有了定价权，这不仅仅是表现了产品的质量，最主要的是提高了企业的市场开拓能力、持续发展能力和利润的扩展能力。德国工具制造商 Stihl 生产的世界上最昂贵的专业手锯，单把市场售价高达 2300 美元，除本身质量可靠外，更得益于"德国制造"的品牌效应。

三、我国装备制造业发展的现状

我国装备制造业已经保持了几年的高速增长，重大技术装备自主化水平有了显著提高，产品的国际竞争力得到进一步提升，部分产品的技术水平和市场占有率已经跃居世界前列。我国已经成为装备制造业的生产大国，但还不是装备制造业的生产强国，自主创新能力还比较薄弱、基础制造水平不高。低水平重复建设、自主创新产品推广应用困难等问题依然突出。从制约装备制造业转型升级的角度看，下列问题还比较严重。

（一）企业集群度和自主创新能力低

一方面，我国装备制造业生产尚处于单机自动化或刚性自动化阶段，以简单产品为主，附加值较低。企业各自独立，缺少具有竞争力的国际级大型企业集团；没有形成为大型企业配套服务的中小企业制造群体；零部件制造企业实力和配套能力弱。根据全国第三次工业普查数据，我国制造业工业增加值占整个工业增加值的比重平均为 79% 左右，其中机械、冶金、建材等基础装备产业增加值所占比重仅为 20% 左右，可见，我国制造业产业低度化问题仍十分突出。

另一方面，我国装备制造业工艺水平和自动化程度普遍不高，关键技术的创新能力相对较低。根据中国机械工业联合会组织的典型调查数据，我国机械装备主导产品的技术来源中，自主开发产品与引进技术产品大体为 6：4；在重大设备研发中，原始创新不多，尤其是核心技术和关键工艺落后于国际先进水平。核心技术大部分依赖国外，自主开发能力薄弱，技术更新速度缓慢，设备陈旧老化。20 世纪 90 年代，我国装备制造业的固定资产新度系数为 66.4%，主要机械产品技术来源 57% 依靠国外，多数电子信息设备的核心技术依靠从国外引进，原创性技术和产品极少。

（二）产品结构不合理，缺乏系统配套服务的理念

在我国装备制造业发展中，政府的宏观调控功能没有得到有效实施，投资分散、重复布局随处可见。传统和大路货产品生产能力猛增，致使不少产品生产能力过剩，供过于求；同时，重大技术装备和高新技术产品的生产能力又严重短缺，致使国外机电产品大量涌入国内市场，一些产品在国内市场上的份额已达 30%。除为基础产业提供的重大技术装备多数源于进口外，一些技术含量高的其他产品进口份额也已占国内市场的 50% 以上。装备制造业的发展滞后，已成为制约我国经济发展的重要因素。企业对市场的快速反应能力差，

新产品的开发周期长。

企业对外服务理念陈旧，缺乏国际化的创新思维。大多以产品的售后服务为主，缺少集团式的系统连锁服务组织，市场逐渐被大型跨国集团公司以其强大的攻关能力和集团式的服务所攻占。

（三）产品技术含量低，品牌竞争力不强

一方面，我国装备制造业已有不少中国名牌产品，如工程制造业的徐工、柳工、厦工、山推等，已经进入中国500个最具价值品牌之列。但总体上看，全行业还处于代理加工、贴牌生产为主的加工制造阶段，自主品牌少，在国际分工中处于产业链的低端。我国企业由于人才、技术、投资、设计、开发条件的制约，大多没有形成具有自己特色的品牌设计风格。普遍存在产品设计能力比较低，不能以综合、系统的理念，实现产品的现代化、个性化设计；不能通过制造技术先进、经济合理、个性化强的产品，最大限度地满足用户需求，扩大产品市场占有率。

另一方面，早期一些中国企业利用"市场换技术"的方式，希望通过引进国外技术、实现引进、吸收、再创新，效果大多不理想。因为在外方控股的合资企业中，产品设计、产品工艺、产品规划等大权一般为外方控制，中方很难实现消化吸收。由于外资的大量并购，我国装备制造业的一些自主品牌，有的已经消失，有的穿上了洋外衣。如上汽与德国大众合资后，"上海"牌轿车就消失了。跨国公司凭借"500强"的地位和强大的攻关能力，廉价收购我国装备制造企业的优质资产和独有品牌，造成了我国企业自主品牌的大量丢失。2006年我国8.3万多家装备制造业规模以上企业中，进入世界500强的只有一汽和上汽，可见，我国企业的品牌竞争力远远落后于全球同行业的一流企业。

四、发展对策

（一）加强科技立法和产业技术政策的制定，提高国家对发展装备制造业的调控力度

保护社会主义市场经济正常发展的根本措施是提高立法强度，这一点对于促进投资规模大、转型难度大、外资投入多的大型装备制造业企业的转型升级尤为重要。要通过科技立法和制定产业技术政策，把国家发展装备制造业的规划强制落实。围绕我国装备制造业的优势和强项进行产业结构、组织结构的调整与重组。打破部门垄断，加大企业间重组、并购力度，建立起装备制造业的自主创新体系；按照全球化和专业化生产的原则，大力支持发展一批具有国际竞争力的大型企业集团和一大批以"强、精、专"为特色的配套企业集群。压缩过剩的、落后的生产能力，依法加大对资不抵债、没有发展前途企业的破产力度。

（二）加强规划引导，促进产业集聚，保证市场调节作用的有效发挥

严肃执行国家已经出台的装备制造业发展规划，充分发挥资源的最大效能，避免不必

要的重复布局建设，国家应在资金、资源、技术具有比较优势的地区，制定优惠政策，吸引优秀人才，发挥产业集聚效应，鼓励建设国际上知名、各具特色的若干装备制造业集中工业园区。要加大金融支持力度，建立合理的市场运行规则，保证企业合理有序的市场竞争行为，形成平等、公平的市场竞争环境。

（三）转变技术创新模式，引发企业家的创新激情

通过制定一系列促进、保护企业自主创新的技术、金融、税收、知识产权、品牌保护、政府采购等政策，引发企业家的技术创新激情，鼓励企业家自觉建立企业的技术创新体系，加大对技术研发的投入，完成一批关系装备制造业长远发展的重大研发项目。

（四）加强国家对装备制造业的技术研发投入，促进产、学、研、官的紧密结合

跟踪世界装备制造技术的前沿，有重点地组织科学技术攻关，力争在世界装备制造业应用领域掌握一批具有我国自主知识产权的核心技术，建立起高效协调、符合国际惯例的"产、学、研、官"一体化体制，加快科技成果产业化进程。

认真贯彻引进、消化吸收、再创新的科技工作方针，在积极引进发达国家装备制造业的关键装备技术、配套零部件生产技术的同时，努力实现国产化，带动我国装备制造业的转型升级，推动我国装备制造业的技术创新模式由引进技术型向自主创新型转变。

第四节　我国商贸流通业与制造业转型升级

经济新常态背景下，我国在"十三五"规划中提出"要以创新引领产业转型升级"，促进产业结构的优化调整。发挥流通业内在竞争机制、生产服务性作用，有助于优化调整制造业结构。通过分析我国商贸流通业发展现状与制造业转型升级路径，深层次地了解商贸流通业发展与制造业转型升级的各种关系，有针对性地提出了发挥流通业市场配置资源作用、促进制造业转型升级的对策建议。

经济新常态下，我国经济发展的核心依然是优化产业结构，关键环节是优化制造业结构。作为市场的先导性与基础性产业，商贸流通业的发展在整合产业链方面有着突出作用。基于多元化、高效率的市场经济体制，充分发挥商贸流通业内在竞争机制及其对制造业发展的影响力，有助于进一步推动我国产业转型升级，促进市场经济的可持续发展。

一、经济新常态背景下我国商贸流通业发展现状与潜力

探究我国商贸流通业的发展现状，需要从以下四个方面入手：一是零售业的发展现状。随着市场经济的深入发展，我国零售业呈现出整体快速发展形势，但传统零售业的发展逐渐萎缩。新常态经济背景下，我国零售实体店的闭店潮趋势非常明显。数据显示，2015

年我国社会消费品零售总额 30 万亿元，比上年增长 10.7%，其中，限额以上单位消费品零售额 14 万亿元，增长 7.8%。百货店、专业店与大型超市增速放缓，包括沃尔玛与家乐福等大品牌企业也是如此。二是批发业的发展情况。在固定消费群体、受限的实体店面与市场竞争加剧等要素影响下，传统批发市场停滞不前，批发业逐渐向电子商务转型。借助互联网时代的来临，实体批发业纷纷构建网上批发交易平台，推动企业的可持续发展，迎合时代发展的要求。三是仓储业的发展情况。随着我国将物流业列入全国重点经济产业，仓储业在近年来取得了长足的发展。数据显示，2015 年仓储业固定投资额为 6619.97 亿元，同比增长 28.4%，仓储企业超过 2.6 万家，从业人员超过 70 万人，为物流产业发展奠定了坚实的基础。四是交通运输业的发展现状。与仓储业的发展形势类似，交通业在政府的支持下，其投资额不断攀升。截至 2015 年，我国交通运输业从业人员超 1000 万人，实现货物运输量超 4100 亿吨，为商贸流通业发展提供了有效助力。

在经济新常态背景下，商贸流通业在经济社会发展中的作用愈加明显。一方面，商贸流通业的消费导向作用愈加明显，自 2008 年以来，社会消费品零售额始终保持着 20% 的年增长率。另一方面，商贸流通业对制造业的引导作用愈加明显。在产业转型升级的背景下，商贸流通业为制造业市场资源的优化配置，发挥了其先导作用与基础作用。客观而言，在商贸流通业迅速发展的背景下，其导向性作用更加明显，制造业的发展更有针对性，效率也会逐渐提升。

近年来，虽然我国市场经济备受考验，但始终保持着稳定的增长势头，延续了商贸流通业的良性发展态势。无论是"十三五"规划的实施还是供给侧改革，都需要推动商贸流通业的发展，并发挥商贸流通业的先导性与基础性功能。在我国新农村建设与新型城镇化发展进程中，城镇化水平每提高 1 个百分点，商贸流通产业就会提高 2.5 个百分点。据国家发改委预测，我国城镇化水平将于 2025 年达到 65%，相比 2015 年的 56% 还有 9 个百分点的增长空间。与此同时，在我国推动中西部发展的进程中，商贸流通业还将获得巨大发展空间，农村经济的发展与居民生活耐用品需求的增加，都将为商贸流通业提供发展机遇。数据显示，我国 2015 年家用电器行业主营业务收入 14083.9 亿元，汽车类零售额 4165 亿元。由此可见，商贸流通业的发展势头依然强劲。

二、经济全球化背景下的制造业转型升级发展

自 2008 年全球金融危机以来，我国制造产业结构与发展方式受到了一定的冲击。从全球化产业分工视域出发，我国制造业的弊端愈加凸显，新兴发展中国家制造业发展给我国制造业带来了一定的压力。与经济周期性调整不同，我国在金融危机期间，除了要应对危机之外，还要及时优化产业结构，要将我国制造业融入全球化的产业分工体系中，迎合全球产业链重构与分工的布局，不断推动制造业的转型升级。

纵观我国制造业转型升级面临的矛盾与问题，主要表现为以下几个方面：第一，制造

业产能严重过剩。我国制造业数据显示，当前其产能利用率仅为 60%，而全球制造业产能利用率为 71.6%，美国制造业产能利用率为 78.9%。如我国汽车产业在 2015 年的产能为 4000 万辆，而市场需求仅为 3000 万辆。近年来，我国彩电产业的产能约占全球 4/5，空调产品产能约占全球 70%，包括冰箱、洗衣机和小家电产品等在我国都存在着明显的产能过剩情况。不仅是传统制造业，新兴的太阳能制造业与风电设备制造业等，也面临着产能过剩的问题。以光伏产业为例，2015 年我国 500 多家光伏企业中，有近一半存在产能过剩的情况。另外，我国的钢铁产业、电石产业等也存在着不同程度的产能过剩。第二，制造业规模较大，但缺乏产业核心竞争力。"中国制造"的影响力享誉全球，但在全球化的分工中，我国制造业始终处于价值链的底端，没有高附加值与技术优势，利润微薄。近年来，随着我国劳动力成本的不断上升以及人口红利的逐渐消失，加上缺乏完整技术体系与分销体系的支撑，我国制造业的国际化发展道路遇到了重重阻碍。第三，区域经济发展视角下，制造业的区域性产业结构趋同现象非常明显。多年来，我国始终以制造业带动经济发展，各地将制造业作为地方经济发展的主导性产业。然而，在经济全球化与经济新常态下，制造业的趋同现象愈加明显，并阻碍了区域经济的可持续发展。以北京、广东、四川、辽宁、陕西和上海为例，省际贸易壁垒严重导致区域产业结构类型单一，产业结构趋同现象明显。

三、商贸流通业发展与制造业转型升级的关系

（一）商贸流通业发展与制造业产能过剩的关系

对制造业而言，商贸流通业的批发与零售环节，能够为其提供有效、及时的信息支持，帮助制造业从"产定销"变成"销定产"，以市场为导向辅助制造业转变传统粗放式的发展模式，变成现代化的精益化生产形式。与此同时，随着物流业的现代化发展，一方面可以抑制制造商盲目发展；另一方面以现代物联网技术为依托，通过其反馈的流通动态信息，实现制造业企业的高效生产。对于制造商而言，专业化的物流外包不仅可以降低运输损耗，还有助于扩大商品流通与销售范围。

（二）商贸流通业发展与制造业区域分工的关系

随着我国振兴东北规划与西部大开发战略的实施，国内产业结构布局有所转变，但依然存在着区域间资源配置效率低下的情况。对比国内外的产业结构，由于我国内贸模式的差异化，导致区域间流通与生产存在着互补性，东部区域的快速发展吸引了大量外商投资。与此同时，在明显的地方保护主义背景下，地方政府人为干预流通要素与商品要素，导致各区域的产业体系相对独立，难以发挥区域间协调发展的作用。客观而言，区域商品流通不仅会影响我国专业化产业布局与产业优势，而且还会对市场经济稳定发展产生深度影响。对制造业而言，随着区域间商品流通的畅通，会倒逼产业发展进入国际化的发展阶段，以专业化的产业体系为依托，合理配置资源。

（三）商贸流通业发展与制造业低碳发展的关系

进入 21 世纪以来，低碳发展成为市场经济的主旋律。面对我国制造业的高耗能情况，亟须利用商贸流通业的影响力，降低制造业的能耗。借鉴发达国家成功的发展经验，在商贸流通环节，限制污染超标或高耗能的产品进入流通领域，可进一步淘汰落后产能，减少产品的物流成本支出，将更多的资金投入技术研发与产品、设备换代环节，通过强化企业的核心竞争力，降低制造业对环境的污染。制造业需要逐渐摆脱低效的自营物流，或采取现代化的方式改善自营物流经营模式。通过降低物流成本，加快制造业专业化、精益化发展。基于现代商贸流通业的信息化发展，透过物流供应链管理模式，优化物流运输的各个流程，压缩制造业现有物流成本，有助于降低制造业的经营成本，推动制造业的可持续发展。

（四）商贸流通业发展与制造业的国际化转型关系

在经济全球化的背景下，我国制造业崛起需要充分发挥商贸流通业的作用，避免进口产品对我国制造业产品的挤压。以发达国家的发展经验为例，无论是日本还是美国在金融危机后，通过商贸流通业加快拓展了海外市场与整合全球性资源，大大提升了制造业的竞争力。以目前形势来看，我国商贸流通业的发展还难以直接推动制造业的转型，但通过电子商务路径与专业批发市场的现代化，有助于为制造业搭建国际化进出口平台，降低制造业参与全球市场的交易费用，提升制造业的抗风险能力，提高制造业的核心竞争力。

（五）商贸流通业发展与制造业创新发展的关系

充分发挥现代商贸流通业的生产性服务作用，制造业以流通业的信息动态反馈作为基础，制订产品的生产与研发计划，通过"销定产"的方式，携手商贸流通业共同进行新工艺产品的研发，开发新的商业领域。同时，大型零售商可以借助自身的大数据优势与现代信息技术优势，引导制造业的物流配送体系，降低库存；制造业可借助流通业内部专业化服务体系，加快产品流与资金流的运转。通过在价值链创新中纳入第三方物流商与批发商，再造供应链体系，可打造现代化的产业集群，通过快捷生产与快速分销的经营模式，及时发现市场的需求并满足市场需求，促进产业经济的规模扩张与技术升级，加快制造业转型升级。

四、推动我国制造业转型升级的建议

第一，注重商贸流通业的生产性服务功能，更新理念，深化商贸流通业的内部分工体系，通过构建现代化的批发业与物流业体系，强化商贸流通业的规模经济优势，继续保持商贸流通业的专业化发展，为承接制造业的物流配送、批发采购与运输仓储提供生产性的服务外包支撑。与此同时，不断强化商贸流通业的信息化，优化产业结构，通过降低服务成本、提高服务质量的方式，推动新技术创新与发展，强化商贸流通业的服务能力。

第二，强化制度改革，为商贸流通业与制造业的发展营造和谐的制度环境。一方面，要加强法律制度的建设、市场机制的建设；另一方面，要通过营造良好的经济社会秩序与环境，降低交易风险与交易成本。

第三，革新制造业的组织形式与经营模式。在经济全球化与经济新常态路径下，制造业需要改变传统的发展模式，通过强化核心竞争力的方式，将运输、物流、采购与仓储、销售等业务外包给社会化的专业服务行业，充分发挥商贸流通业的作用。在高效、专业的外包模式下，整合制造业产业链，推动我国制造业的转型升级。

第五节　消费分层与我国消费品制造业转型升级

在影响消费者选择行为的非偏好因素既定时，产品能否顺利实现取决于其是否能够满足消费者的偏好，消费品制造业的转型升级必须从研究消费者的偏好开始。不同的收入水平、交易方式的改变以及不同的年龄结构等因素使消费主体逐渐分化为商务人士、高端女性、前父母期家庭、银发一族、活力 80 后和网购人群等六类消费群体，上述消费群体都具有特点鲜明的消费偏好，这些消费偏好正是消费品制造业转型升级必须重点考虑的因素。

经过改革开放几十年的发展，我国的制造业从无到有、从弱到强，已经成为世界制造业产出产量排名第一的国家。但我国的制造业多以劳动密集型产业为主，以低廉的劳动力成本为竞争优势，资本密集型产业和技术密集型产业占比较低，同时，更多产业位于微笑曲线的生产阶段，产业附加值不高。进入新常态以来，长期发展积累的矛盾及世界经济发展格局的变化对制造业的影响日趋明显，经济发展到达刘易斯拐点致使劳动力成本上升；长期粗放式的发展致使资源环境约束趋紧；互联网交易方式的普及致使市场环境发生变化；第三次工业革命的兴起致使制造业国际竞争日趋激烈；经济条件和交易条件的改善致使消费者偏好逐渐改变。针对这些状况，我国政府及时采取了相关应对措施，国务院于 2015 年 5 月 8 日正式印发《中国制造 2025》。《中国制造 2025》是在新的国际国内环境下，中国政府立足于国际产业变革大势，做出的全面提升中国制造业发展质量和水平的重大战略部署。其根本目标在于改变中国制造业"大而不强"的局面，通过十年的努力，使中国迈入制造强国行列，为到 2045 年将中国建成具有全球引领和影响力的制造强国奠定坚实基础。

学界针对我国新时期制造业发展的探讨也有很多。阳立高、谢锐、贺正楚等基于中国制造业细分行业数据的实证研究分析了劳动力成本上升对制造业结构升级的影响；黄群慧、贺俊等在分析中国制造业的核心能力、功能定位与发展战略的基础上，评析了《中国制造 2025》；朱苏远分析了全球制造业产业转移的新动向；黄静、田昭分析了制造业国际转移的动力因素及变迁；乔小勇、王耕、李泽怡等则从"地位—参与度—显性比较优势"视角，研究了中国制造业、服务业及其细分行业在全球生产网络中的价值增值获取能力；更有很多学者从供给侧结构性改革的角度对中国制造业转型升级进行了分析研究；李胜旗、毛其淋利用中国的经验数据分析了制造业上游垄断与企业出口国内附加值之间的联系；李强分析了结构调整偏向性、比较优势变迁与制造业全要素生产率增长之间的关系；邵安菊则从互联网与制造业融合发展的角度探讨了几个关键问题。

对于消费与社会分层之间的关系，王宁认为消费与社会分层结构是现代社会中相互渗透的两个主题，消费与社会等级结构之间是"外在性的内在化"，即被结构化—结构化；李培林等学者指出，在中国经济结构转型和体制转轨的过程中，消费结构成为更能反映真实情况的分层指标，并使用恩格尔系数作为分层操作指标进行分析；另一些学者则认为消费分化与社会阶层分化是一致的，尤其是在中产阶级研究领域，高消费倾向、独特的消费特征等都成为建立社会分层操作指标的事实基础。

以上学者对制造业结构升级及消费分层与社会分层之间的关系展开了研究，并在各自的框架内得出了很多真知灼见，但目前鲜有基于消费分层视角对消费品制造业转型进行研究的文献。逻辑上，由于消费是生产的最终目的，因此，消费结构的升级必然会影响消费品制造业的转型升级。目前，伴随着互联网的广泛应用和居民生活方式的不断变化，我国的消费品市场呈现出产品更新换代速度加快、市场需求向多样化、定制化逐步转型、需求外溢、消费能力严重外流等新的特点，而供给的产品却没有变，质量、服务跟不上。因此，从消费分层角度分析当前各消费阶层消费偏好的特点，有助于为消费品制造业的转型升级提供依据。

一、理论基础

已有的研究中，从消费者的角度对消费品制造业转型升级进行研究具有很多直接的理论支撑，主要有以下几种：

消费者统治理论。西方经济学家认为，消费者对消费品进行消费就相当于对消费品投货币选票。特别是在市场经济条件下，市场是一种民主制度，其中一便士就有一票的权利。由于消费直接决定了产品的实现问题，因此生产者在利润最大化原则的支配下必须根据消费者的货币选票安排生产，从而决定了社会经济资源的最优配置，进而要素所有者的分配问题。从这个角度看，生产者的生产是建立在消费者的消费偏好之上的，因此，消费需求的结构就直接决定了消费品制造业的产业结构。从而，研究消费分层下的不同消费需求偏好就是研究消费品制造业转型升级的必然选择。

马克思消费与生产相互作用的理论。在《经济学手稿（1857—1858年）》导言中，马克思基于唯物辩证法，集中而系统地论述了生产与消费相互作用的辩证关系。在二者的统一性上，从生产即是消费的角度而言，生产是劳动力和物质资料的消费。按照马克思的理论，社会再生产必须以社会产品的实现为前提，因此，要想使社会再生产得以维持，最终的决定因素还是由消费者决定的社会产品的实现；从消费也是生产的角度而言，消费是为了实现劳动力的再生产，因此，消费的数量、质量及结构就决定了生产的情况。马克思承认生产对消费的决定作用，并不意味着马克思认同萨伊的供给决定理论，他指出生产为消费提供物质对象，决定消费活动的消费方式，并且在消费者身上引起新的需要。因此，生产对消费品、消费方式和消费者的创造作用，要求在经济新常态下把供给创新看做是实现和满足新需求模式的决定性力量，即供给创新要以消费者的新需求为依据。消费对生产具有巨大反作用具体体现在"消费生产着生产"及"消费能为生产创造出新的需要"两个方面。"没有需要，就没有生产，而消费则把需要再生产出来。"因此，具体到消费品行业，在改革中必须注重需求结构的新变化，以有效需求"倒逼"消费品制造业的转型升级。最后，生产与消费的良性互动理论只不过是进一步从交换与分配的角度强化了上述消费与生产的关系。

供给侧结构性改革理论。2015年11月，在中央财经领导小组第十一次会议上，习近平总书记首次提出了"供给侧结构性改革"的概念，标志着我国宏观调控由以需求管理为主向以供给与需求双侧管理结合为主的正式转变。供给侧结构性改革是一个系统性的大工程，其要义之一就是用改革的办法推进结构调整，提高供给结构对需求变化的适应性和灵活性，就是使消费成为生产力，就是优化消费结构，实现消费品不断升级，不断提高人民的生活品质。目前我国的制度结构、生产结构已经不能满足庞大中等收入家庭的各类新需求，不利于中国各类消费潜力、改革红利的释放。正是在这个意义上，党的十八届五中全会才会提出"释放新需求，创造新供给"的号召。2017年5月11日，国务院总理李克强在国务院常务会议上部署促进消费品工业增品种、提品质、创品牌，更好地满足群众消费升级需求。

上述理论和政策虽都在强调供给侧结构性改革，但同时无不注重需求侧特征对供给侧结构性改革的支配作用，而从消费分层角度对消费品制造业转型升级的研究恰恰契合了这一内在逻辑。

二、需求视角下消费品制造业的发展现状

消费品制造业是指提供、生产消费品的制造业。消费品制造业涵盖轻工、纺织、食品和医药等工业门类，是国民经济和社会发展的基础性、民生性、支柱性、战略性产业。学术界关于消费品制造业的界定一直没有明确范围，现借鉴已有研究，根据行业产品是否用于最终消费，同时考虑到数据的完备性，最终选择食品饮料及烟草制品、服装、药品、汽车、日用家电设备和计算机、软件及辅助设备行业等作为研究对象。

消费品制造业转型升级的主要动力来自消费者对消费品的消费需求，因而从需求视角探究消费品制造业的发展情况将是判断制造业转型升级的必要依据。2011—2015年我国零售业商品销售总额呈上升趋势，由2011年的71824.9亿元上升到2015年的114255.3亿元，年均增长率为9.73%。从细分行业来看，食品饮料及烟草制品专门零售额由2011年

的 2675.3 亿元上升到 2015 年的 3738.5 亿元，年均增长率为 14.41%；服装零售额由 2011 年的 1726.9 亿元上升到 2015 年的 3070.2 亿元，年均增长率为 12.19%；药品零售额由 2011 年的 2675.3 亿元上升到 2015 年的 5731.9 亿元，增长率为 16.46%；汽车零售额由 2011 年的 21770.6 亿元上升到 2015 年的 35688.2 亿元，增长率为 10.39%；日用家电设备零售额由 2011 年的 4147.5 亿元上升到 2015 年的 3600.3 亿元，上升率为 -2.8%；计算机、软件及辅助设备零售额由 2011 年的 1206.2 亿元上升到 2015 年的 2278.7 亿元，增长率为 13.57%。

由此可知，无论是从我国零售业整体来看，还是分行业消费品零售额来看，2011—2015 年消费者对于消费品制造业的消费需求都呈快速上升趋势（除日用家电设备外）。同时还应注意到，不同类型消费品的需求量和需求增长速度存在一定的差异性，消费品制造业的转型发展需要根据不同消费品的变动趋势确定具体消费品制造行业的发展方向和速度，以不断优化消费品制造业的产业结构。

三、当前我国的消费分层及其消费偏好

所谓消费分层，是指通过人们的消费行动来反映社会的结构以及人们在消费社会中的等级地位状况。现代社会消费具有"符号化""象征性"等特征，从重视对物消费的功用性逐渐演化到重视物消费所具有的象征意义，反映了消费中人与人的关系及人的个性。一方面，现代社会中消费所具有的符号象征性可以使人们通过自己的消费行为来表达自己的主观意愿，从而使消费通过外在的表现性对产品投票，进而引导生产；另一方面，消费分层能够客观描述不同消费群体的消费现状、消费结构及消费水平的差异，从而把握消费者行为，并有针对性地协调有效需求与有效供给的均衡发展。

传统意义上，一般将国际上通行的衡量消费水平的恩格尔系数作为消费分层的划分依据，并以此为依据对整个社会的消费分层与合理的橄榄形或纺锤形消费结构进行对比，然后找出原因并制定相应的对策。但这种划分往往更多是从社会学的角度考虑的。伴随着人口老龄化、二胎政策的实行、人们生活水平的改善、生活态度的转变、审美水平的提高以及交易方式的多元化等现象的出现，当代社会传统社会学意义上不同消费层级的消费界限越来越模糊，反而分化出不同年龄段、不同工作性质等越来越强调自己消费特点的个性化消费群体。因此，为从不同消费群体消费偏好入手分析消费品制造业的转型问题，下面将不再使用传统的消费分层方法，而是根据新时期具有趋同消费偏好的消费人群进行分层，并研究不同消费群体的不同消费偏好。

"洞察中国市场六大主要消费人群"，从这些年我国 GDP 的高速增长和居民平均收入的稳步提高角度入手，考察了我国新时期不同消费群体各自鲜明的消费特点，并根据不同消费群体表现出的差异性消费偏好，分析了我国消费者的群体特征，进而将我国的消费人群细分为商务人士、高端女性、前父母期家庭、银发一族、活力 80 后、网购人群等六类。

以下将基于上述分类重点分析各类别消费群体的特征和消费特点，进而推断不同消费群体对产品的差异性消费偏好。

商务人士。所谓商务人士，其字面意思为通过商务活动获取劳动报酬的各类专业人员。在 CTR（CTR 指央视市场研究有限公司）市场研究调查中，商务人士被定义为 50 人以上大中型企业任职部门主管以上的群体。这个群体因工作性质的需要，一般具有高学历、高收入、高地位、高消费等特征。在社会财富持续积累的大背景下，商务人士的生活消费方式已由以往的发展型逐渐升级为享受型、奢侈消费、休闲娱乐等。这主要表现在以下几方面：首先，在汽车、数码设备等消费品上商务人士更多的是选择高档车、进口车以及高档进口数码产品，办公用品如笔记本电脑和打印机等则偏好美国品牌。其次，时尚奢侈消费倾向增强。CBES（指中国高级商务人士调查）发现，商务人士大都推崇最新款的手机，手机更新频率也很快。另外他们对服装、手表、香水、护肤品、营养保健产品以及酒类产品等的需求也多以高级进口货为主。再次，休闲娱乐增加。CBES 调查发现商务人士正逐渐变得更加注重生活质量，在新时期快节奏的生活状态下，他们正兴起一股旨在享受过程注重体验的"慢生活"潮流，且其享受生活的方式开始回归传统化，对书法、绘画、品茶等传统的休闲活动更加青睐，尤其是高级商务人士更是如此。

根据 CTR 市场研究的定义，高端女性一般指收入水平居于全体女性前 10% 的女性群体。其主要特点是追求家庭、工作、社会等角色中的多元平衡。"精致生活，善待自己"已经成为中国高端女性消费观之本。因此，鉴于其高收入的特点以及外化的消费观，在物质消费层面这一消费群体的消费偏好与商务人士有很多共性，在此不再赘述。

"前父母期家庭"一般指具有两代同住、35 岁以下小两口、已育有小孩但年龄较小（14 岁以下）等特点的家庭。与前两类倾向于奢侈品消费的高消费群体不同，"前父母期家庭"的消费大多是一种高级实用主义消费。自从 2012 年我国迎来第五代婴儿潮以后，"前父母期家庭"已逐渐成为我国社会最主流的家庭结构。"前父母期家庭"具有鲜明的群体特征，一方面由于他们大都受过良好的教育并且年龄结构处于 35 岁以下的青年期，因此开阔的眼界和活跃的思想成为这一消费群体的鲜明特征之一。他们往往能够紧跟社会的发展潮流和消费趋势，对消费品的个性化和品质要求也比较高。另一方面，他们绝大多数都因为参加工作时间短而导致在单位中的地位、职称不高，从而收入水平有限，再加上同时还须承担生养孩子的任务，因此，在整个社会收入水平稳步提高、物价日趋上涨的生存环境下，对上述约束条件的反应及对消费者效用最大化目标的追求决定了他们是一种高级实用主义者。因此，讲求品质、崇尚经济、注重时尚、紧追科技潮流等就成为他们典型的消费特征。

银发一族。受约束于我国长期实行的计划生育政策、生活水平和医疗水平的提高等因素，我国老龄化程度日趋严重。国家统计局数据显示，2015 年我国 60 岁及以上人口已达2.22 亿，占总人口的 16.15%。预计到 2025 年，50 岁以上人口将达到 5 亿，60 岁以上人口将达到 3 亿，我国将逐渐迈入超老年型国家行列。根据相关研究，2011 年我国老年人口人均消费水平就已经达到 1.18 万元，当时的老年人口总量为 1.76 亿人，因此，2011 年我国老年人口消费总量为 2.08 万亿元人民币。同年，我国居民（所有年龄在内）人均消费水平约为 1.03 万元，居民总人口为 13.7 亿人，因此，2011 年我国居民总消费约为 14.1 万亿元。根据这种测算，2011 年我国老年人口总消费大约为居民总消费的 15%。而且老年人均消费和老年人口数量还在伴随经济的发展和老龄化的加速持续快速增长，因此完全可以预期，未来银发一族的消费必将占据整个社会消费的很大比重。相对金钱和时间都比较紧缺、生活压力大的年轻人而言，老年人因生活满足程度更高、时间相对更充裕、储蓄观念逐渐减弱等特点，其消费主要集中在休闲娱乐、快消费品消费（例如老年人已经成为超市消费的主力人群）以及医疗保健品消费等方面，而且其消费大多具有冲动消费的特点。

最后两类消费群体是 80 后和网购人群。由于受教育程度、对新事物的接受程度等因素的影响，网购人群的年龄主要集中在 23 岁到 49 岁之间，而目前年龄最大的 80 后是 37 岁，因此，从年龄结构的角度，这两类人群的群体特征和消费偏好可以合并到一起分析。80 后，目前是网络消费的主力军，根据 CTR2011 年的数据，我国 25 ~ 34 岁的年龄群体占到了网络消费总群体的 41.8%。受惠于国家的教育政策，80 后大都接受过义务教育，这使他们不受互联网新技术的限制；受惠于互联网科技的发展、便捷的物流和金融系统，他们得以畅游网络平台进行购物；受惠于手机互联网科技的发展，他们很享受随时随地购物的便利性。他们年轻有活力、引领社会潮流和趋势；他们不分性别，区域限制较小；他们追求时尚，偏好个性化消费并注重口碑传播的影响。网上购物已经成为他们日常生活不可或缺的重要组成部分，服装、食品、书籍、日常用品、家用电器甚至 SUV 汽车等大额消费品的预购都通过网络来完成，从而得以节省大量的时间去从事休闲、读书、约会等活动。

综合以上分析，大略归纳各类消费群体的消费特征如下：商务人士和高端女性大多注重时尚消费和品质消费，他们的消费往往以高端奢侈品消费为主，单件消费品的消费额度较大，他们以消费国外品牌商品为主的消费方式是致使消费外流的重要原因，他们越来越重视回归传统的"慢生活"潮流；"前父母期家庭"的消费在收入的约束下更多表现为"高级实用主义者"型的消费，其购买的产品多以实用性消费品为主，但在消费时同样注重品质、时尚、个性化和多元化；银发一族的消费往往具有冲动性消费的特征，他们的消费多以实体消费、快消费为主，对保健品和娱乐休闲消费的需求量很大，更容易受到不实宣传的蛊惑；80 后和网购人群在年龄结构上很大一部分与"前父母期家庭"重合，因此，他们的消费同样具有在收入约束下注重品质、时尚、个性化和多元化的特征，只不过这种分类从交易方式的角度突出了网购人群的特色，除此之外，注重口碑传播影响的特点也应引起足够的重视。

如果将上述各类消费群体消费偏好的特征进一步凝练，基本就是"品质""时尚""奢侈品""消费外流""慢消费""实用主义""个性化""多元化""冲动购物""蛊惑""快消费"及"口碑传播"等关键词，这些关键词正是消费品制造业升级必须注重的方面，它们为消费品制造业的转型升级提供了方向性的指导。

四、我国消费品制造业转型升级的对策建议

以下将结合上文分析的不同消费群体的消费偏好从企业和政府两个层面对我国消费品制造业的转型升级提出建议。

从企业的角度看，目前我国大部分企业面临困境：首先，历史发展过程中形成的分工格局使它们大都处于微笑曲线的生产阶段，而且科技水平整体偏低，创新能力差，劳动生产率低下，管理水平落后。其次，伴随我国经济发展到达刘易斯拐点，企业长期依赖的人口红利逐渐消失，产品成本上升很快，价格竞争力逐渐失去优势。最后，随着经济与社会的发展，消费者的消费偏好逐渐由传统的实用主义向时尚、多样化和个性化转变，原来的产品已经不能满足新的需求。因此，对企业而言，首先应改变注重数量不注重品质的传统，从产品品质上下工夫，形成自己的品牌和良好口碑，要把低价竞争策略变成品质提升策略，把产品做精并逐渐形成自己的品牌。其次要从产品多样化、个性化上下工夫，这要求企业从微笑曲线的生产阶段前推到创新阶段，要求企业的生产要灵活多变。企业的创新可以采取以下几种方式，即自主创新、从高校和科研机构等单位购买创新以及与其他单位合作创新。通过创新，可以达到节约成本、使产品多样化、个性化和时尚化的目的。要做到生产上的灵活多变，需要企业多在发展范围经济上下工夫，尽量避免大而平，但这必须建立在产业集群配套能力提升的基础之上。最后，在企业管理上要进行创新，以管理促实效，从而达到节约成本的目的。

企业总是以追求利润最大化为目的，由此极有可能导致在生产与消费中存在不规范的行为。另外，现实中的市场失灵也会导致效率的低下，因此，政府必须适当介入产业升级的过程。对于这个问题，李克强总理在 2017 年 5 月 11 日主持召开的国务院常务会议上已经做了比较详细的说明。除此之外，还有两点也应引起注意：一是从资源配置的角度来讲，虽然从国家的层面来看是一个整体，但实际上各地都有自己的区域利益，这不可避免地会产生很多重复建设，造成资源的浪费。因此协调区域发展，从整个国家的层面设计行业布局就是政府的责任之一。二是要注重制造业配套能力的建设，形成新时代产业集群的模板，从而为企业发展范围经济创造条件，这一方面珠江三角洲地区做得比较好，可以借鉴。

第六节　财政金融合力推进制造业转型升级

我国经济发展进入新常态背景下，在实践层面加强对制造业转型升级问题研究，具有重要的理论意义和现实意义。本节从分析财政金融协调配合、推动企业壮大发展的成功经验出发，侧重从中观和微观层面着眼，探寻财政金融在制造业转型升级中所发挥的基本作用以及如何有效配合，并在总结经验、分析问题、探索规律的基础上，提出相关对策建议。

山东作为重要的工业大省，近年来，在扶持制造业发展、推动产业结构转型升级等方面取得了显著的进步。但同时，基层地区特别是欠发达地区制造业转型升级仍存在一些问题，如资金投入不足，来源渠道单一；研发能力不足，上下游不配套；扶持政策不足，覆盖面不够、针对性不强等，从而制约了山东省制造业转型升级进程。在目前经济增长下行、供给侧改革持续推进的背景下，制造业结构转型升级成为当前最为紧迫的任务。

本节从企业的微观视角出发，探寻财政金融在制造业转型升级中所发挥的基本作用以及它们如何在经济转型中协调配合。

一、财政金融合力推进制造业转型升级的主要实践

山东 A 纸业有限责任公司（以下简称 A 集团）是以秸秆制浆造纸综合利用为核心产业的大型集团化企业。作为国家第一批循环经济试点企业、国家第一批工业循环经济重大工程示范企业，该公司通过了国际质量、环境、职业健康与安全三合一管理体系认证和国家 AAAA 级标准化良好行为企业认证，多年来致力于技术自主创新和研发，建有国家级企业技术中心，获得国家专利授权 180 余项，形成了独具特色的以秸秆为原料，以秸秆本色浆制品和黄腐酸肥料为主导产品的秸秆资源高值化深度利用模式，实现了工业深度融合与良性循环。

转型升级使企业发展与国家政策有了更高的契合点，特别是在发展秸秆综合利用循环经济和节能环保等方面，A 集团能够发挥多方面的引领和示范作用，近年来，企业多个项目不仅得到了补贴、税收优惠等多项政策扶持，同时也在技术革新、项目建设等方面得到了信贷部门的大力支持。以目前正在上马的秸秆综合造纸利用项目为例：

2009 年该企业运作建设新生产线；2012 年该项目获得国家发改委批复，项目总投资 106 亿元。该项目是绿色环保特征鲜明的资源综合利用项目，同时由于整个项目包含了制浆、造纸、制肥、环保、热电以及附属的原料堆场等多个子项目，项目投资大，建设周期长，企业面临较大的资金压力。为了缓解企业资金压力，2014 年，借助人民银行搭建的银企合作平台，多家金融经过积极论证协商，组团为项目提供了 79 亿贷款支持。在企业自筹资金方面，该项目作为战略新兴和绿色循环产业项目，得到了国家在节能减排、转型升级等领域多项财政扶持累计 7000 余万元。在银团贷款方面，针对企业抵押担保不足问题，银行主动创新担保方式，为其开办了知识产权质押融资，运用企业 110 项专利权和 34 项注册商标专用权质押，截至目前，银团贷款已到位 77.4 亿元。财政金融协调发力，有效支持了项目顺利建设，提升了供给水平，其发展模式和未来前景得到省委、省政府的高度评价和充分肯定，成为山东省企业供给侧改革和绿色循环发展的典范。

二、财政金融在制造业转型升级中的协调配合

A 集团的成功说明财政和金融之间的协调配合对推进制造业转型升级具有明显的积极

作用。二者若做好协调配合，可以更有效地推进制造业转型升级。

（一）财政和金融在企业转型升级中的基本作用

通常情况下，财政政策工具在体现政府意图方面更为直接，对企业跟进速度更快，在企业转型升级萌芽阶段具有重要的催化和促发作用，在转型升级过程中具有重要的促进和引领作用。多数银行业金融机构（政策性银行除外）也是以追求效益最大化为目的的企业，因此在对制造业企业提供信贷支持过程中，除国家宏观调控政策导向因素外，不可避免地受银行自身经营效益等多重因素影响，更倾向于"锦上添花"而不情愿"雪中送炭"现象在所难免。但是，在制造业企业转型升级过程中，无论是从资金数量还是支持力度上，信贷资金都是企业除自有资金以外最为重要的资金来源，对支持企业转型升级具有不可替代的作用。

在企业转型升级中，需要财政与金融协调配合。金融领域通过引导资金流向希望扶植的行业、企业来支持产业结构的升级，比如对中小创新型企业的优惠贷款就属于结构安排，差别存款准备金也属此列。就具体的情况而言，要使金融工具有效发挥作用，其前提是政策信息应该公开、透明、及时和完整，包括宏观经济指标的可靠性和真实性、对未来走势的判读和预测、政策手段的目标清晰等，还包括货币自身隐含的价格、真实汇率水平、隐含的购买力水平、隐含的投资回报率等因素。积极的财政政策工具促进企业转型升级的主要手段包括结构性减税和优化财政支出结构等。由于地方政府没有税收立法权，财政政策落实到地方更多地集中于通过安排财政支出和转移支付来推进地方公共产品建设、促进民生工程、支持政府导向的项目投资等。

（二）财政和金融在制造业转型升级中的协调配合

实践中，商业银行面对中央银行货币政策的调整，根据自身的经营原则，对企业的贷款总量、投向及其利率浮动幅度做出相应调整。这一进程中，商业银行会从自身利益出发，增加利润、规避风险。而由于制造业尤其是传统制造业节能减排压力较大、自身发展受限等原因，商业银行多会规避对此行业的贷款。因此具体到制造业，除了要运用单独的信贷政策，如行业、地区限额配给等方式外，财政应该通过有效的财政贴息、风险补偿及税收减免等政策措施，引导商业银行资金和社会资本投向有意进行转型升级的企业，缓解制造业企业转型升级的资金困难，推进制造业企业转型升级。

在推动制造业转型升级方面，财政与金融的协调互动落实到基层，主要是利用财政资金的杠杆作用以及财政金融内在属性和需求的契合性，实现财政帮扶措施与信贷政策和产品的对接。例如，为企业贷款贴息、对支持地方经济发展的金融机构风险补偿及考核奖励、借助政府背景担保机构为部分企业提供贷款担保、政银税联手推出针对不同类型企业融资需求的金融创新产品来缓解企业融资难、设置引导基金丰富企业融资模式和拓宽融资渠道等。

三、财政金融合力推进制造业转型升级中存在的主要问题

一是宏观协调机制缺失。目前，财政和金融在支持制造业转型升级过程中，结合点主要有贷款贴息、风险补偿、融资担保等具体操作。在具体项目的管理和实施中，财政部门与人民银行按照相关制度要求，建立相对明确的分工协作机制，但是在宏观层面缺少必要的常规协调机制，缺少对政策信息的及时沟通以及对涉及地方经济总体调控和助推制造业发展等全局性战略问题的综合研判，各自为战较多，协调配合较少，信息不对称问题突出，一定程度上制约了两大调控政策在具体执行中的合力发挥。

二是市场化背景下财政帮扶政策逐步淡出，但税费偏重等问题依然存在，造成财政政策撬动作用有限。一方面，财政支持力度出现弱化趋势。为配合经济体制改革和运行机制完善，中央、省级财政针对制造业的补贴政策减少，补贴项目减少 2/3，上级对于市级财政也不再要求强制配套。另一方面，税费负担依然较重。以山东某市为例，该市 7 成企业的毛利率不足 20%，平均利润率约 6%，但营业费用、管理费用和财务费用等三项费用占主营收入的 12% ~ 15%，扣除所得税、增值税、城建税、房产税、土地使用税、水利建设基金、印花税等税负后净利润更少，企业可供留存分配和追加投入再生产的资金非常有限。同时，财政性服务体系不完善，当前，该市政府性融资平台 12 家，总资产 244.01 亿元，负债 95.26 亿元，贷款余额 4.61 亿元，其中绝大部分投向南水北调水利设施和市政基础设施建设，而投向热电联产、新能源开发、资源综合利用等制造业的贷款不到 15%。目前全市的 PPP 项目有 21 个，主要涉及教育卫生、市政建设、棚户区改造等领域，正式签约运作的只有 2 个，没有向制造业延伸。全市有政府背景的担保公司 10 家，但与银行合作比较多的只有 6 家。

三是在经济下行压力较大背景下，制造业企业较强的顺周期性集聚了较大金融风险，制约了金融领域政策作用的发挥。顺周期时，实体经济加速发展，制造业企业多积极争取银行信贷资金用于扩大产能，尤其是纺织、轴承加工、板材加工等传统制造业。但当经济下行期，市场需求减少，企业利润下降，由此所产生的风险也开始暴露。首先，信贷风险整体防控压力加大，出险企业同比大幅增加，新增不良、垫款等大幅上升。其次，企业担保圈潜在较大风险。企业间担保关系错综复杂，在金融机构内部、金融机构之间以及县域存在程度不同的风险隐患。最后，信贷风险补偿基金贷款逐渐萎缩。由于不良贷款激增且得不到有效补偿，银行进一步缩减会员企业数，导致该业务呈逐渐萎缩态势。

四、财政金融合力推进制造业转型升级路径选择

财政和金融合力推进制造业转型升级，在制定出台相应政策时要加强顶层设计，统筹规划。一是要从战略高度和前瞻性方面出发。制造业发展在不同区域、不同时期、不同阶段对各类资源的需求是有较大差异的，在政策设计时要统筹各类资源要素，明确整体思路、

基本导向、重点任务和目标。二是注重系统性、协调性和阶段性的结合。制造业发展政策不仅要有整体思路，更要系统谋划，加大政策之间的协调性，一定时期内既要保持政策的一致性与连贯性，也要有阶段作用。三是突出重点，解决主要问题。要根据不同时期、不同行业设计针对性、有效性强的政策，解决企业最需要、最迫切的问题。

因此，最为理想的配合模式应为：财政更侧重"点"上发力，以更好地发挥催化剂、定心丸和四两拨千斤的作用；金融更侧重全程支持，真正成为助推制造业企业转型升级的坚强资金后盾；同时，在具体实施过程中，需要财政和金融协调配合，具体表现为启动阶段的催化和促动、中间阶段的风险补偿、周期结束后的正向激励等。应紧密结合地方实际，按照全面系统推进和抓住关键环节相结合、解决当前问题与着眼长远发展相结合、支持企业发展与实现优胜劣汰相结合、降低外部成本与企业内部挖潜相结合、降低企业成本与提高供给质量相结合的原则，聚焦供给侧，落实"三去一降一补"政策要求，特别是要注重财政加杠杆与金融去杠杆并重，进一步加强政策配合。短期政策应注重调结构和稳增长，落实有扶有控的差别化调控政策，积极引导企业化解燃眉之急、实现平稳转型；长期政策应着力构建财政政策与货币政策共同推进制造业转型升级的长效机制，助力体制机制构建，服务外部环境优化。

（一）短期政策：增投入、减负担、强保障、防风险

一是重点提升有效供给能力。在市县两级建立财政金融政策贯彻落实情况定期会商机制，加强信息沟通和磋商，凝聚政策合力，特别是在引导和推动制造业企业科技创新、产业结构调整和优化、企业精细化管理等方面，加大支持力度。二是全面降低税费和融资成本。全面加强财政金融在推进"降成本"方面的协调配合，把与行政职权相关的涉企收费作为减负核心环节。设定"减税期"，对制造业企业全面减税，超过减税期恢复正常税率征收，通过减税鼓励企业加快结构调整、转型升级，进一步降低制造业企业融资成本。三是设立"去产能"就业安置专项基金，加大"僵尸企业"改制力度。由政府、企业双方成立就业专项资金，中央财政加大转移支付力度，省级财政提高资金投入比例，困难企业根据经营情况缴纳一定比例的金额，作为职工安置的兜底资金，为"去产能"提供保障。四是落实风险防控和化解措施。针对企业债务结构分类施策，合理运用金融市场工具，逐步化解存量债务风险。支持适应市场发展并有持续经营能力，但暂时存在资金流转困难的企业以债务转移或置换等方式降低债务负担。探索市场化、法治化的债转股实施方案，推动企业债务重组。同时推进实体企业资产证券化，进一步盘活存量资金。

（二）中长期政策：补短板、调结构、增力度、重整治

一是针对补齐提高全要素生产率短板，完善政策协作机制。在引导资本、劳动等要素增加投入、提高贡献率的基础上，充分发挥财政金融在技术进步、管理水平、劳动力素质、生产要素使用效率及配置情况、企业制度和组织结构效能等方面的引导和促进作用，形成有利于提高全要素生产率的政策合力。二是围绕调整优化产业结构，强化政策协作效能。

要将完善规划与细化落实相结合、扶持新兴与淘汰落后相结合，进一步密切财政金融协调配合。加快落实相关政策和规划，结合区域制造业转型升级重点需求，引导金融机构对高端制造业、制造业升级的关键领域资金需求设立专门贷款科目，完善贷款流程；进一步更新财政扶持方式，同时落实好税费减免等一系列长期扶持政策。三是立足国债发行、国库现金管理等政策结合点，加大政策协作力度。用足用活国债发行、国库现金管理等财政政策与货币政策结合点，增强政策辐射和联动功能。在适度增加国债发行规模、进一步丰富期限结构、更好地发挥逆周期调控作用的同时，注重国债发行对制造业转型升级的引领和推动作用。同时稳步推进从中央到地方的国库现金管理，将现金管理目标与推动供给侧改革特别是引导制造业转型升级相结合。四是聚焦增强制造业主体活力，完善激励约束机制。以供给侧经济学相关激励约束理论为指导，在建立激励机制激发企业活力方面加强协调配合，注重兼顾针对中小企业的激励措施，引导大型制造企业带动中小型配套企业共同升级。五是服务外部环境建设，加大配合整治力度。围绕落实"中国制造2025"规划，重点从优化市场环境、强化要素支撑两大领域着手布局，为后续转型升级的相关政策做好铺垫；保持稳增长与去杠杆的平衡，为优化企业债务结构、消除经济泡沫风险营造良好的财政金融环境。

参考文献

[1] 赵昕东，刘成坤．人口老龄化对制造业结构升级的作用机制研究——基于中介效应模型的检验 [J]. 中国软科学，2019（3）：153-163.

[2]Banister J，Bloom D E，Rosenberg L.Population aging and economic growth in China[J].Pgda Working Papers，2010，23（1）：65-79.

[3] 李钢，秦宇．人力资本相对超前投入及对经济增长的影响 [J]. 数量经济技术经济研究，2020（5）：118-138.

[4] 都阳．制造业企业对劳动力市场变化的反应：基于微观数据的观察 [J]. 经济研究，2013（1）：32-40.

[5] 阳立高，龚世豪，韩峰．劳动力供给变化对制造业结构优化的影响研究 [J]. 财经研究，2017（2）：122-134.

[6] 王有鑫，赵雅婧．中国人口结构变动与制造业出口结构优化 [J]. 南方人口，2013（5）：61-70.

[7] 楚永生，于贞，王云云．人口老龄化"倒逼"产业结构升级的动态效应——基于中国 30 个省级制造业面板数据的空间计量分析 [J]. 产经评论，2017（6）：22-33.

[8] 张帆．人口老龄化对中国制造业转型影响的实证研究 [J]. 工业技术经济，2019（6）：89-96.

[9] 张杰，何晔．人口老龄化削弱了中国制造业低成本优势吗?[J]. 南京大学学报（哲学·人文科学·社会科学），2014（3）：24-36.

[10] 韩民春，李根生．劳动力成本上升与产业发展：去工业化还是结构升级 [J]. 中国科技论坛，2015（5）：48-53.

[11] 张明志，吴俊涛．人口老龄化对中国制造业行业出口的影响研究 [J]. 国际贸易问题，2019（8）：1-15.

[12] 于兆吉，单诗惠．辽宁省装备制造业智能化现状、问题与对策 [J]. 沈阳工业大学学报（社会科学版），2020（1）：46-49.

[13] 何冬梅，刘鹏．人口老龄化、制造业转型升级与经济高质量发展——基于中介效应模型 [J]. 经济与管理研究，2020（1）：3-20.

[14] 傅元海，叶祥松，王展祥．制造业结构变迁与经济增长效率提高 [J]. 经济研究，2016（8）：86-100.

[15] 王小鲁，樊纲，余静文.中国分省份市场化指数报告 [M].北京：社会科学文献出版社，2017：84-88.

[16] 马强，王军.城镇化缩小城乡收入差距的机制与效应——基于中国 271 个城市面板数据的分析 [J].城市问题，2018（10）：12-19.

[17] 秦海涛.中国普惠金融发展水平实测及其经济效应分析——基于省级面板数据的实证检验 [J].华北金融，2019（11）：62-69.

[18] 方世荣.东北振兴中的营商环境治理——关于拓展行政公益诉讼范围的思考 [J].社会科学辑刊，2018（4）：49-54.

[19] 马海涛，卢硕，张文忠.京津冀城市群城镇化与创新的耦合过程与机理 [J].地理研究，2020（2）：303-318.

[20] 栾申洲.产业协同发展对全要素生产率影响的实证研究——基于制造业与生产性服务业的分析 [J].管理现代化，2019（5）：28-31.